Surge la Iglesia del Nazareno

SURGE
LA IGLESIA DEL NAZARENO

M. E. Redford
y
Gene Van Note

CASA NAZARENA DE PUBLICACIONES
Kansas City, Missouri, E.U.A.

Originalmente publicado en inglés con el título:
The Rise of the Church of the Nazarene
By M. E. Redford and Gene van Note
Copyright © 1985
Published by Beacon Hill Press of Kansas City
A division of Nazarene Publishing House
Kansas City, Missouri 64109 USA

This edition published by arrangement with Nazarene Publishing House. All rights reserved.

Publicado por
Casa Nazarena de Publicaciones
17001 Prairie Star Parkway
Lenexa, Kansas 66220 USA
Reimpresión, 2008

ISBN 978-1-56344-317-6

Todos los derechos reservados. Ninguna parte de esta publicación podrá ser reproducida, procesada por ningún sistema que la pueda reproducir, o transmitir en alguna forma o medio electrónico, mecánico, fotocopia, cinta magnetofónica u otro excepto para breves citas en reseñas, sin el permiso previo de los editores.

Diseño de cubierta: Roland Miller

DIGITAL PRINTING

Dedicación

Como un amante recuerdo
dedico esta obra a mi piadoso padre,
el señor William H. Redford
(fallecido en 1923),
un ministro del evangelio que tuvo una pasión
por la salvación de los perdidos
como la de Cristo, y un inquebrantable amor
para la Iglesia del Nazareno.

Contenido

Capítulo *Página*

I. La doctrina de la santidad a través de los siglos.. 15
II. La doctrina de la santidad en los Estados Unidos durante el siglo 19..................................... 32
III. Principios de la iglesia en el oeste norteamericano 51
IV. Principios en el este norteamericano 75
V. Principios en el sur 94
VI. La unificación de las iglesias..................................... 110

Apéndice: Nazarenos latinoamericanos.................. 128
por Sergio Franco

Acerca de este libro

"*Surge la Iglesia del Nazareno* ha sido escrito para contar la historia de los fundadores, pioneros y promotores de los diversos grupos de santidad que se unieron para formar la Iglesia del Nazareno. Aquellos líderes pioneros lucharon, bajo dirección providencial, contra los que se oponían dentro y fuera de la denominación a la predicación, profesión y promoción de la enseñanza neotestamentaria de la santidad o la entera santificación. Es una historia de gran dedicación y perseverancia."

Con esas palabras, Maury English Redford comenzó a contar la historia de la Iglesia del Nazareno. "Ese libro", dice Steve Cooley, archivista de las Oficinas Generales, "contiene la primera historia de la Iglesia del Nazareno basada en una cuidadosa investigación que haya escrito un historiador". Sin embargo, no era la primera historia que se escribía de la Iglesia del Nazareno. J. B. Chapman, cuando era redactor del *Herald of Holiness* (Heraldo de santidad), escribió el libro *A History of the Church of the Nazarene* (Una historia de la Iglesia del Nazareno), que se publicó en 1926. No estaba completa, por lo que fue necesario que historiadores futuros suplieran la información que faltaba.

El interés del Dr. Redford en la historia de la iglesia se ilustra con las dos tesis que escribió a mediados del decenio de los años 1930. Para obtener su título de licenciado en divinidades en la Universidad Vanderbilt en 1934, escribió la tesis: *History of the Church of the Nazarene in Tennessee* (Historia de la Iglesia del Nazareno en Tennessee). En 1935, escribió otra tesis para su título de maestría: *History of the Church of the Nazarene in the South* (Historia de la Iglesia del Nazareno en el sur).

Por su interés en la historia de su iglesia, el Dr. Redford se hizo de una considerable colección privada de objetos relacionados con los orígenes de nuestra iglesia. Contiene libros de actas de asambleas de distrito, correspondencia personal de los fundadores, fotos y publicaciones sobre la santidad que abarcan desde 1880 hasta el decenio de 1920. La colección se exhibe permanentemente en la Universidad Nazarena Trevecca, de Nashville, Tennessee. El también ayudó a establecer los archivos históricos en las Oficinas Generales de la Iglesia del Nazareno, en Kansas City, Missouri.

Aunque el Dr. Redford era todo un sureño por nacimiento, decisión propia y residencia permanente, sostenía un punto de vista nacional. Su cuidadosa investigación le dio un cuadro claro y un profundo aprecio por la iglesia en todo el país. Se unió a la facultad de Trevecca en 1931, en donde fue decano del Departamento de Religión hasta su jubilación. Murió en 1974.

Este libro fue publicado en 1948, y desde entonces ha sido revisado tres veces. La historia oficial de la Iglesia del Nazareno, *La historia de los nazarenos*, de Timothy L. Smith y W. T. Purkiser, también se publicó en esos años.

He tenido el privilegio de conservar en esta edición todo el material de carácter perenne publicado en versiones anteriores. Se han eliminado los capítulos relacionados con la estructura y operación de la iglesia. Han sido sustituidos por dos capítulos básicos que ofrecen una perspectiva y comprensión históricas del surgimiento de la Iglesia del Nazareno. Los primeros dos capítulos fueron escritos por este autor, mientras que los cuatro restantes han sido tomados de ediciones anteriores. La oración del Dr. Redford en el prólogo aún tiene gran significado para nosotros hoy:

"Al publicar este libro pedimos a Dios en oración que los logros del pasado sirvan para estimularnos a una devoción más profunda y a un deseo más intenso de esforzarnos en la labor del reino de Dios."

—*Gene Van Note*

Prefacio a la edición en castellano

Tal como el prólogo anterior indica, este libro enfocó desde su primera edición el nacimiento y crecimiento de la Iglesia del Nazareno en los Estados Unidos, recalcando especialmente el desarrollo de los grupos cuya unión formó propiamente nuestra denominación. Esta versión es completamente diferente de la primera edición en castellano, ya que ha incorporado los cambios de la última edición en inglés, recientemente publicada.

El señor Gene Van Note, el autor de esta revisión, es un escritor cuidadoso de cuya pluma se han publicado varios libros. El prólogo indica cuán amplios han sido los cambios y la razón de ellos.

Cuando publicamos la primera edición en castellano incluimos un pequeño apéndice. Se aclaró en esa ocasión que era meramente eso, un apéndice para que el lector hispano supiera los datos mínimos de nuestra iglesia en países hispanohablantes. Lo que ha ocurrido entre nosotros desde la publicación de esa primera edición ha sido una verdadera explosión de crecimiento, hecho posible por la bendición de Dios, y la fidelidad de su pueblo.

El apéndice, pues, también ha sido considerablemente aumentado. Se ha buscado e incluido la participación de algunos de los dirigentes de la iglesia. Es un documento limitado, y provisional, pero que consideramos necesario incluir en esta obra. Esperamos que pronto sea reemplazado por una obra que cuente cuidadosamente lo que Dios ha querido hacer entre nosotros, los nazarenos unidos por el idioma español.

—Los editores

CAPÍTULO 1

LA DOCTRINA DE LA SANTIDAD A TRAVÉS DE LOS SIGLOS

"Hermanos, no debemos disculparnos. Hace poco algunos solían decir: 'La Iglesia del Nazareno no tiene ninguna razón de existir. Ya hay demasiadas iglesias.' Pero sí tenemos una razón para existir y no ofrecemos ninguna disculpa por ella, ni la ofreceremos."

Con esas palabras de bienvenida a la Primera Asamblea General de la Iglesia del Nazareno, el profesor John W. Akers expresó el sentir de todo el pueblo nazareno reunido en Chicago, en octubre de 1907. Luego prosiguió:

> Estamos aquí para salvar la iglesia de Dios. Estamos aquí para salvar el día de reposo de Dios. Estamos aquí para salvar la Biblia de Dios. Estamo aquí para salvar el culto de oración. Estamos aquí para salvar las reuniones de las clases. Estamos aquí para mantener ardiendo el fuego divino en los altares y en los corazones del pueblo de Dios. Estamos aquí para impulsarlos a la batalla. Estamos aquí para combatir las fuerzas del infierno, para hacer que el enemigo retroceda en retirada y, sobre todo, vamos a disfrutar al hacerlo.[1]

Con estas palabras, el buen profesor estableció el lugar de la Iglesia del Nazareno entre las muchas organizaciones religiosas que competían por captar la atención del público estadounidense. Pero esos primeros nazarenos no se consideraban sólo como otra organización más. Se les había encomendado una misión; debían proclamar un mensaje. No eran sólo una iglesia, sino todo un movimiento —el movimiento de la doctrina de la santidad.

Formaban un grupo de pioneros llenos de confianza en ellos mismos. R. L. Averill captó su espíritu cuando proclamó:

> A quien crea que podrá detener el avance del movimiento de santidad le recomendaríamos que tomara una escoba, fuera a la costa y, de pie en la playa, tratara de detener el alza de la marea. Esa labor le sería mucho más fácil que tratar de detener el avance del movimiento de santidad, porque Dios dice que será llamado camino de santidad.[2]

No les importaba que fuesen muy pocas las personas que supieran que existía la Iglesia del Nazareno. Su lema era: "Santidad a Jehová." Su misión: predicar la doctrina de la santidad por todas partes.

Algunos se daban cuenta de que los "miembros del movimiento de santidad" llegaban al pueblo, reaccionaban negativamente a su presencia y trataban de echarlos. Mas los nazarenos eran un pueblo decidido. Bud Robinson, evangelista muy conocido de los primeros días de la iglesia, envió el siguiente informe a la revista *Herald of Holiness* (El heraldo de santidad), publicado el 23 de julio de 1913:

> Celebré mi última reunión en Newton, Kansas, en la Iglesia del Nazareno, cuyo pastor es el reverendo Fred Mendell. Hacía tanto calor que casi me ardía la cara. Tuvimos que celebrar los cultos a las 8:30 de la mañana y a las 8:00 de la noche... El diablo combatió fieramente y, aunque parezca extraño, usó algunas ovejas del Señor. Por supuesto, su lana era escasa, estaba sucia y llena de cadillos... Uno de los incidentes más divertidos para mí fue

el nombre que me aplicaron varios hermanos ministros de otras iglesias; decían a sus congregaciones que yo era la mayor serpiente que jamás había llegado al pueblo. Bueno, a la gente siempre le gusta ver algo grande, por lo que su propaganda gratuita nos ayudó mucho. ¡Aleluya! Si fuera serpiente me gustaría ser una boa constrictora, la mayor de la jungla... Hasta hoy no he encontrado en toda la faz de la tierra nada que se compare con un puñado de nazarenos auténticos; ellos son en verdad la sal de la tierra, quienes le dan sabor a las famélicas ovejas del Señor.[3]

Mas no era tan fácil como aparentemente lo describía Bud Robinson. Se desalentaban con mucha frecuencia. Y el enemigo siempre estaba al acecho para aprovechar esas oportunidades al máximo. Cierto día de Navidad, antes del amanecer, la señora Mary Cagle meditaba mientras viajaba en una incómoda carreta, envuelta en su raída cobija. Sus anfitriones eran una familia sueca que, aun cuando no la conocían bien, la habían invitado a pasar la Navidad con ellos. Se hallaba lejos de su familia, en una misión evangelística y en camino hacia un culto de Navidad que se celebraría en un idioma desconocido para ella.

El frío le calaba en todo el cuerpo a pesar de que estaba envuelta en su cobija de muchos colores, mientras que el enemigo también la atacaba en lo profundo de su espíritu. Satanás se sentó junto a ella en la crujiente caja de la carreta y le susurró al oído: "¡Qué tonta eres! Con este frío tan intenso vas a enfermarte de pulmonía."

Pero su respuesta fue la misma que darían otros nazarenos como ella: "Quizá me enferme, pero el Señor sabe muy bien que los hermanos de Texas no tienen suficiente dinero para pagarme o darme más comodidades; sin embargo, lo hago y lo seguiré haciendo por amor de su nombre y por amor a las almas."[4]

Así nació la Iglesia del Nazareno. Los delegados que representaban aproximadamente a diez mil feligreses en la Asamblea General de 1907 no se imaginaban que su iglesia alcanzaría una feligresía internacional de más de un millón antes de finalizar el siglo. La cruzada que ellos iniciaron ha tenido un éxito que rebasa las expectaciones hasta de los líderes más optimistas de aquellos días.

Sin embargo, las victorias se ganaron a un precio personal muy alto. Quizá sería muy útil preguntar por qué los líderes del movimiento de santidad estuvieron dispuestos a pagar un precio tan alto.

La respuesta es a la vez sencilla y compleja. A nivel personal, aquellos nazarenos habían pasado por una experiencia transformadora de sus vidas que llamaban entera santificación. Los había inundado una nueva paz y poder que les daba valor y autoridad. Además de un radiante optimismo. ¡En realidad creían que podían transformar al mundo entero!

Pero no todo era simple emoción.

Los había cautivado una idea, una verdad bíblica. Una fuerte emoción puede proveer la motivación para iniciar un nuevo movimiento, pero se necesita algo más que emoción para mantenerlo y extenderlo. Las organizaciones se basan en algo más sólido que una emoción en un día dado. Es la prolongada sombra de una idea. En este caso, la idea consistía en los temas gemelos de la entera santificación y la perfección cristiana. Con base sólida en las Escrituras, ambas doctrinas florecieron en la persona de un clérigo anglicano del siglo XVIII, Juan Wesley. Las raíces denominacionales de la Iglesia del Nazareno se pueden rastrear hasta lugares como Los Angeles, Brooklyn, Chicago y Pilot Point, Texas. Pero esos nombres sólo nos dicen el cuándo y el dónde, no el porqué. En páginas subsecuentes de este libro se incluye la historia de la organización de la Iglesia del Nazareno. En este capítulo concentramos nuestra atención en las ideas bíblicas que dieron a los nazarenos su razón para existir.

Interludio

Ya hemos mencionado dos términos que continuaremos usando en nuestro estudio: entera santificación y perfección cristiana. Su definición nos ayudará mucho en este punto.

Entera santificación: Es el acto radical de Dios por el que, por medio de su Espíritu Santo, limpia las fuentes internas de pecado heredado en el corazón. Es una segunda experiencia de crisis subsecuente a la regeneración. En su aspecto positivo, significa ser lleno del Espíritu Santo para vivir en santidad y servir. En el movimiento wesleyano se subraya que esta experiencia de crisis no sólo es posible, sino que también constituye la norma apropiada para la vida cristiana.

Perfección cristiana: Es el acto de Dios en la entera santificación por el que el corazón es hecho limpio de todo pecado y lleno de amor perfecto, sin mezcla, de aquellos que viven y caminan en el Espíritu. La perfección cristiana es plenitud de amor, no tanto de años ni de destrezas adquiridas. Es pureza de corazón, no necesariamente madurez; es un término de calidad, no de cantidad. En palabras de Juan Wesley, es amor perfecto.

La Iglesia del Nazareno se apega a la tradición wesleyana, es decir, ha incorporado en su enseñanza los agudos puntos de vista de Juan Wesley. Su significado precisamente constituye el tema de estudio de nuestro siguiente punto.

Juan Wesley

Samuel Wesley fue pastor de la Iglesia Anglicana (Iglesia de Inglaterra). Ministró en una iglesia pobre, lejana y nunca se le dio el reconocimiento que merecía. Su esposa, Susana, era una mujer devota, de carácter recio que dejó una profunda huella indeleble en sus hijos. Y procrearon muchos: 19 en 19 años, de los cuales sólo sobrevivieron 9. Los bebés 15º y 18º serían hombres muy famosos: Juan y Carlos. Juan nació en 1703 y Carlos en 1707.

Juan Wesley nació y creció hasta llegar a la madurez durante una de las revoluciones más grandiosas del mundo, la revolución industrial. Muchos eventos favorables estaban ocurriendo en rápida sucesión. El aumento de productividad significó mejores sueldos y calidad de vida. Pero no todo era bueno. En busca de la buena vida, muchas personas se mudaban a las ciudades en cantidades alarmantes. Encontraban buenos empleos, ganaban más dinero, pero perdían su identidad y sentido de responsabilidad por los demás. La embriaguez se volvió tan común que amenazaba el futuro de la nación. La injusticia y la corrupción abundaban en todas partes. "El crimen aumentó a pesar de castigos tan inhumanos como la horca por robar una hogaza de pan, o cortarle la mano a un carterista. Los huérfanos, los niños abandonados y los mendigos estaban bajo la responsabilidad de los mayordomos de las iglesias, las cuales descuidaban al grado de que, de acuerdo con el registro parroquial del área metropolitana de Londres de 1750-1755, en muchas 'casas de trabajo' todos los niños murieron al año de ser admitidos."[5] Charles Dickens describe en forma dramática la tragedia humana de la revolución industrial en su novela *Oliver Twist*.

Las iglesias tampoco ayudaban mucho a remediar la situación. En esa época "las iglesias estaban vacías y las cárceles llenas hasta más allá de su capacidad".[6] Había muchos dirigentes religiosos responsables, como Samuel Wesley, pero la mayoría no lo eran. En ese entonces la Iglesia Anglicana registraba 11,000 puestos ocupados por clérigos. Pero de ellos, como 6,000 no vivían en las parroquias ni cerca de las mismas. Y muchos de los que vivían en ellas no se caracterizaban precisamente por ser compasivos.

Esa situación tan deprimente también se reflejaba en el estilo de vida de los jóvenes que se preparaban para el ministerio cristiano. Muchos vivían ética y moralmente en un plano muy bajo, hasta en disolución. De entre ellos, dos hermanos, Juan y Carlos, eran diferentes y luchaban contra la corriente con todas sus fuerzas. Nos basta con mencionar que Juan Wesley, en su búsqueda de paz y gozo espiritual, se embarcó en una vida altamente disciplinada y de servicio misionero. Pero ni así pudo satisfacer su profunda hambre espiritual.

Providencialmente asistió a una reunión de los moravos, cierta noche de mayo de 1738, en la que se celebraba un estudio bíblico, en la calle de Aldersgate, Londres. Esa noche pasó por una experiencia que transformó su vida por completo. El mismo describe el significado de lo ocurrido en las siguientes palabras:

> Por la noche asistí, sin disposición verdadera, a la reunión de una sociedad en la calle de Aldersgate, en la que alguien leía el prefacio de Lutero a la epístola a los Romanos. Como a las 8:45, al describir el cambio que Dios opera en el corazón por la fe en Cristo, sentí un calor extraño en mi corazón. Sentí que confiaba en Cristo, sólo en El, para mi salvación; obtuve así la seguridad de que me

libraba de MIS pecados, sí, de los MIOS, y ME salvó de la ley del pecado y de la muerte.

La nueva relación de Wesley con el Señor le abrió su mente a nuevas comprensiones de la santa Palabra. En los años siguientes, Juan Wesley comenzó a descubrir una doctrina bíblica clave que se había ignorado por mucho tiempo. En 1776, resumió todo lo que había escrito sobre el tema bajo el título: *Una clara explicación acerca de la perfección cristiana*. La cuarta edición, que salió de prensa en 1777, contiene su declaración definitiva sobre ese tema. El resumen de Wesley en 11 puntos constituye una clara presentación de la doctrina:

1. Existe la perfección cristiana, puesto que repetidas veces se menciona en la Escritura.

2. No es coexistente con la justificación, puesto que los que han sido justificados deben ir "adelante a la perfección" (Hebreos 6:1).

3. No tiene lugar a la hora de la muerte, puesto que Pablo habla de hombres que viven y que son perfectos (Filipenses 3:15).

4. No es absoluta. La perfección absoluta no es un atributo de hombres ni de ángeles, sino sólo de Dios.

5. No hace al hombre infalible. Nadie es infalible mientras que permanece en el cuerpo.

6. ¿Acaso es sin pecado? No vale la pena contender por términos. Es "salvación, del pecado".

7. Es amor perfecto (1 Juan 4:8). Esta es su esencia, sus atributos, o frutos inseparables: el gozo sempiterno, la oración constante, la acción de gracias en todo (1 Tesalonicenses 5:16-24).

8. Es capaz de crecimiento. Tan lejos está de ser estacionaria, incapaz de aumentar, que un alma perfecta en el amor puede crecer en la gracia mucho más aprisa que antes.

9. Se puede perder. De ello hemos tenido ejemplos, si bien por muchos años no estuvimos enteramente convencidos de esto.

10. Siempre la precede y sigue una obra gradual.

11. Pero, en sí misma, ¿es instantánea o no?... Muy a menudo no es posible percibir el instante en que expira un hombre y, sin embargo, llega el momento en que deja de existir. Si alguna vez cesa el pecado, debe haber un momento último de su existencia, y otro momento, el primero en que estemos libres de él.[7]

Debe señalarse que las doctrinas gemelas de la entera santificación y la perfección cristiana no fueron creadas por Juan Wesley. Están firmemente basadas en la Biblia y tienen un historial de importancia. En esta breve relación sólo podemos mencionar algunas de las partes más significativas de esa historia.

Los que estudian el pensamiento cristiano observarán que Juan Wesley recibió fuerte influencia de Jacobo Arminio, quien murió como 100 años antes del nacimiento de Wesley. Enfoquemos, pues, nuestra atención sobre Arminio.

Jacobo Arminio

Jacobo Arminio desempeñó un papel muy importante en el desarrollo de las doctrinas de la entera santificación y la perfección cristiana, aun cuando fue calvinista toda su vida.

Debido a su muerte, que lo sorprendió en lo más agudo de la controversia sobre otros puntos doctrinales, nunca tocó a fondo el tema de la perfección cristiana. Sin embargo, llamó la atención de la iglesia otra vez a dos temas significativos que ayudaron a poner los cimientos del movimiento de santidad actual: la gracia ilimitada de Dios y el libre albedrío del hombre.

Pero antes veamos algunos de sus rasgos biográficos.

Arminio nació en Oldwater, Holanda, en 1560. Murió en

1609. Algunos creen que la amarga controversia teológica en que se enfrascó contribuyó a su temprana muerte.

Jacobo Arminio recibió su educación superior en Ginebra, Suiza, en la universidad fundada por Juan Calvino. En la época de su llegada a Ginebra, Teodoro Beza, yerno de Calvino, se había convertido en la figura dominante. Beza extendió el pensamiento de Calvino hasta su conclusión lógica, enseñando que Dios decretó tanto quiénes serían salvos como los que serían condenados eternamente. Desde su punto de vista, no sólo la gracia de Dios es irresistible, sino también la condenación eterna. Los seres humanos eran salvos o se perdían totalmente de acuerdo con los decretos de Dios.

Arminio reaccionó contra esa enseñanza tan brusca y rígida. En su pensamiento maduro, presentó la idea de que todos los hombres son salvos por la gracia de Dios, la cual puede ser aceptada o rechazada. Incluso en los que no han respondido a la invitación de Dios a la salvación, existe un rastro de bondad que los dispone al llamamiento de Dios. La gracia de Dios también es suficiente para cubrir a todos hasta que llegan a la edad en que comprenden las dimensiones de esa decisión. Esa gracia, la cual llamaba "preveniente", constituía una parte muy importante de su sistema teológico. Aun cuando el gentil pastor holandés no tocó el tema de la perfección cristiana, resulta muy fácil notar su influencia sobre el pensamiento de Wesley. La gracia de Dios que llama al ser humano a la salvación, con la idea de la gracia preveniente, así como la enseñanza sobre el libre albedrío del hombre, llegaron a ser las piedras fundamentales del pensamiento de Juan Wesley.

Ningún teólogo cristiano o estudiante de la Biblia está aislado o solo en sus pensamientos. O desarrolla las enseñanzas de los eruditos que lo precedieron o reacciona contra ellas. Por tanto, en nuestro breve estudio histórico, nos es necesario examinar a dos personas claves de la Reforma Protestante: Martín Lutero y Juan Calvino.

Martín Lutero y Juan Calvino

Los seguidores de Lutero y Calvino tomaron las enseñanzas de ellos y se desviaron por diferentes rumbos. En la actualidad, el luteranismo y el calvinismo son como dos parientes muy lejanos. Sin embargo, en sus principios ambos pensadores bebieron de la misma fuente: es decir, que el justo vivirá por la fe. Esa verdad bíblica se convirtió en la piedra angular y el grito de la Reforma.

Debido a que estamos estudiando la historia de las doctrinas gemelas de la entera santificación y la perfección cristiana, no será necesario que toquemos a fondo los pensamientos teológicos de Lutero y Calvino. En realidad, la perfección cristiana no fue tema significativo de la Reforma Protestante. Parte de esa razón fue práctica. El período de la Reforma fue turbulento, caracterizado por intrigas de todo tipo. Tristemente, los hombres santos no siempre debatían sus puntos en un nivel altamente intelectual. Era muy común el hablar mal de un opositor. Su sistema era sencillo: si no se podía combatir el argumento de un contrario, entonces había que destruirlo moralmente. "Bajo tales condiciones era peligrosa cualquier elaboración de la doctrina de la perfección cristiana. Los contrarios bien podrían ridiculizar cualquier declaración respecto a la perfección: uno de los métodos típicos consistía en acusar de orgullo espiritual a algún 'perfeccionista', acusación cuya evidencia más clara era la declaración misma de perfección.

De igual manera, hablar de santificación no era recomendable."[8]

Con todo, aun cuando el tema de la perfección cristiana no se tocó en la Reforma, tanto Lutero como Calvino contribuyeron a la comprensión de Wesley sobre la forma en que Dios obra en la vida de hombres y mujeres. Su enseñanza principal, como hemos observado ya, era la salvación por la fe. La fe sería definida de diversas formas en las generaciones subsecuentes, pero independientemente de la definición, claramente se separaba del sistema de salvación ceremonial que enseñaba la Iglesia Católica Romana.

La Iglesia Católica Romana de la edad media se había alejado totalmente del mensaje bíblico de salvación. Había ubicado la salvación del ser humano en manos de la iglesia. Los rituales y los sacramentos habían sustituido la experiencia personal. Pero la peregrinación espiritual de Martín Lutero lo cambió todo. Como dijo William Greathouse: "La contribución más decisiva de la Reforma a la idea de la perfección cristiana consistió en la recuperación de la enseñanza del Nuevo Testamento de que se puede experimentar una vida cristiana plena en cualquiera de los planos ordinarios."[9]

No sería correcto decir que durante la edad media no se enseñaba la santidad. La iglesia cristiana siempre ha creído en la santidad. Cualquier erudito bíblico paciente que desee dedicarse a la investigación, puede encontrar referencias a la santidad en los escritos de casi cada líder a lo largo de los siglos. Pero debe tenerse cuidado de no interpretarlas a la luz de lo que hoy entendemos por esa doctrina. En los años anteriores a la Reforma, se percibía la santidad como algo que se ganaba después de la muerte, probablemente después de una infeliz excursión por el purgatorio. Distaba mucho del llamamiento de Cristo a la vida santa que se registra en los evangelios.

¿Qué ocurrió? ¿Por qué se ensució tanto la enseñanza sobre la santidad bíblica? La respuesta a estas preguntas nos las da la historia. Los cambios comenzaron a ocurrir durante el siglo II.

Comienza el cambio

Desde muy temprano en la historia de la iglesia comenzaron a ocurrir cambios. El proceso se aceleró a principios del siglo II. Los desafíos a que se enfrentaron los líderes fueron los siguientes:

— desarrollo de formas de adoración para la nueva religión
— confrontar asuntos de cristianismo práctico
— explicar el evangelio a recién convertidos que no conocían las Escrituras judías
— defender la fe ante gobernantes políticos y filósofos paganos

Los primeros dos fueron los de mayor significado para el propósito de nuestro estudio.

A. La adoración en la iglesia primitiva

Durante el siglo II los sacramentos comenzaron a tomar una forma más precisa y un significado teológico más profundo. La Santa Cena, en aquel entonces y hoy, se consideraba como símbolo de la presencia continua del Salvador. Lo que le ocurrió al bautismo tuvo un impacto de mayor alcance en la comprensión de la iglesia sobre la santidad personal.

A mediados del siglo II, el ungimiento con aceite se

convirtió en parte integral del ritual del bautismo. Esa distinción entre el arrepentimiento y la regeneración, simbolizada por el bautismo y la venida del Espíritu Santo, y a la vez simbolizada por el ungimiento con aceite, era de suma importancia.

Aparentemente los creyentes de la iglesia primitiva creían que el bautismo era necesario como complemento de la regeneración. Cuidadosamente distinguían entre el bautismo como el momento en que Dios extendía su gracia salvadora al pecador penitente y la idea de que el ritual mismo impartía poder regenerador. Las generaciones de creyentes que vinieron después descuidaron esa distinción crítica, y la clara doctrina bíblica comenzó a nublarse.

Poco a poco comenzaron a ocurrir cambios. Los sacramentos relacionados con el acto y el proceso de salvación se convirtieron en agentes efectivos de la salvación. Con el tiempo, el ritual y los custodios del ritual, la iglesia, cobraron mayor importancia para la comunidad cristiana que la decisión de la persona de seguir a Cristo. La decisión personal del creyente pasó a un plano de menor importancia ante un acto formal del clero —la salvación individual con su aspecto de transformación de la vida fue opacada por la importancia del acto judicial de ser considerado justo o recto delante de Dios.

B. La vida cristiana práctica

El aumento de la importancia del ritual, hasta el grado de sustituir la decisión personal, fue uno de los factores que contribuyeron a que la doctrina de la entera santificación quedara relegada a segundo plano. Otro factor fue relacionado con un asunto práctico que sorprendió a la iglesia primitiva tanto como nos sorprende a nosotros: el pecado en el creyente.

Muchos líderes cristianos del siglo II enseñaban que no había esperanza para el creyente que pecaba después de su bautismo. Esas ideas comenzaron a cambiar con la aparición de un escrito altamente respetado a mediados del siglo II, intitulado *Pastor de Hermas*. El *Pastor* enseñaba que eran posibles el perdón y la restauración. En forma trágica, pero quizá también en forma predecible, muchos creyentes menos disciplinados tomaron la promesa de perdón como ocasión para practicar una "religión de pecado". Como resultado, la perfección cristiana comenzó a considerarse como un ideal, no como la norma. Entonces ocurrieron dos extremos desafortunados: la vida de perfección cristiana fue relegada al plano de un grupo seleccionado de la iglesia; además, fue separada de la experiencia de la entera santificación. Esa separación continuaría hasta que fueran reunidas de nuevo por el devoto erudito anglicano Juan Wesley.

C. El monasticismo: los atletas de Dios

Un momento histórico para los creyentes ocurrió en el año 313 (algunos historiadores modernos lo fechan en el 312 o el 311). En ese año, el emperador romano Constantino le dio carta de legalidad al cristianismo en el imperio. De pronto ya era legal ser cristiano —y en algunos lugares hasta se volvió políticamente popular aceptar las enseñanzas del Galileo singular. Durante el siglo siguiente la iglesia se tornó más y más secular y el ritual de la adoración cobró mayor importancia.

Una reducida minoría de fieles se afligió mucho por las consecuencias de esos cambios y eventos. Renunciaron a sus empleos y a su vida hogareña para dedicarse a la búsqueda del cada vez más lejano concepto de la vida santa. Se retiraron a los desiertos y montañas, en donde organizaron comunidades de personas interesadas en la búsqueda de ese ideal. Fundaron monasterios y dedicaron su energía a disciplinas espirituales muy rigurosas.

Esas almas vigorosas eran los atletas de Dios —la minoría espiritual de la iglesia. Se convirtió en hecho aceptado que sólo ellos podrían alcanzar la perfección. Resultado: una verdad clave del Nuevo Testamento se elevó a un plano demasiado alto como para que la alcanzaran los creyentes comunes.

El vital siglo V

A principios del siglo V cobró prominencia un erudito bíblico y líder de la iglesia: Agustín, obispo de Hipona. Hipona era una ciudad portuaria de la costa del Mediterráneo de lo que hoy se conoce como Algeria. Muy pocos líderes han ejercido mayor influencia en la iglesia que Agustín.

No podemos trazar en este espacio tan reducido las diversas corrientes de pensamiento y acción que formaron su doctrina del pecado. Nos basta con decir que Agustín llegó a la conclusión de que el problema del pecado debe relacionarse, de alguna manera por lo menos, con el cuerpo humano. Finalmente llegó a la conclusión de que la rebelión del ser humano contra Dios era tan inclusiva y total que le era imposible salvarse a sí mismo o responder activamente a la gracia de Dios. Esa enseñanza le dio a la salvación un toque netamente divino. El resultado fue la doctrina agustiniana de la elección divina, es decir, que Dios selecciona o predestina a los que se van a salvar. El desarrollo agustiniano de estas dos doctrinas —la naturaleza del pecado y el proceso de la salvación— serían de carácter fundamental para Calvino.

Pero el pensamiento de Agustín incluía otros elementos. No llegó a la desesperación. El pecado era poderoso, pero Dios era superior. Enseñó la "soberanía de la gracia", para usar una poderosa frase del teólogo Albert Outler. Esta gran verdad espiritual ocupó un lugar central en el pensamiento de Jacobo Arminio cuando, bajo la providencia divina, preparó el camino para la unificación de las doctrinas gemelas de la entera santificación y la perfección cristiana a través del devoto anglicano Juan Wesley.

Ahora pasaremos a estudiar el impacto de Wesley y sus seguidores en Estados Unidos durante el siglo XIX.

CAPÍTULO 2

LA DOCTRINA DE LA SANTIDAD EN LOS ESTADOS UNIDOS DURANTE EL SIGLO XIX

A principios del otoño de 1735, el Dr. John Burton le escribió una carta al reverendo Juan Wesley, su amigo cercano. Esa carta se considera hoy como el documento misionero más antiguo de los metodistas. El Dr. Burton era un celoso adherente de la Sociedad para la Promoción del Evangelio en otros países. Su propósito era reclutar a los hermanos Juan y Carlos Wesley para el servicio misionero en Georgia.

Esa carta, que hoy suena un poco formal y fría, decía en uno de sus párrafos:

> Y si ante previa consideración del asunto os consideráis vosotros (como debéis sentiros ante la escasez de personal capacitado) instrumentos adecuados para tan buena obra, estaréis listos para embarcaros en esta oportunidad de hacer el bien, la cual no se os ofrece en vano a vosotros.[1]

Juan y Carlos respondieron positivamente. Esos "instrumentos adecuados" zarparon de Inglaterra el 14 de octubre de 1735, y desembarcaron en febrero de 1736 en la colonia británica que hoy se conoce como Estados Unidos. Juan se quedó en Savannah, Georgia, mientras que Carlos viajó hasta Frederica, en donde sirvió como secretario personal del general Oglethorpe.

Pero esos "instrumentos adecuados" no se sintieron adecuadamente en el experimento de Savannah, como se le llamó. Carlos nunca se pudo ajustar a la vida de las colonias y, a su vez, lo rechazaron rotundamente porque trató de imponer sus estrictos códigos morales sobre la comunidad entera. Nadie lloró en Frederica cuando, al poco tiempo, Carlos regresó a Inglaterra. Juan se quedó un poco más de tiempo, pero tampoco tuvo gran éxito en su misión. Sus intentos de alcanzar a los indígenas fueron rechazados; sus esfuerzos ministeriales entre los anglicanos con frecuencia fueron considerados como una intromisión en lo que no le incumbía; y un noviazgo que muy pronto se rompió finalmente opacó el sueño de Wesley en las Américas. Después de una estancia de 20 meses, Juan zarpó de Georgia de regreso a Inglaterra en la Navidad de 1737.

Pero el sueño no murió del todo.

En 1766, 25 años antes de su muerte, Juan Wesley comenzó a enviar pastores a las colonias americanas.

El metodismo llega a América

El primer pastor metodista que emigró a Estados Unidos fue el capitán Thomas Webb, quien se estableció en Nueva York. La siguiente cita, del primer sermón metodista predicado en las colonias británicas, muestra que los pastores wesleyanos predicaron la doctrina de la entera santificación en dondequiera que fueron. En 1766 Webb declaró:

> Las palabras del texto fueron escritas por los apóstoles después de que el acto de justificación se les había trasmitido. Pero como pueden ver, amigos míos, esa obra no era suficiente para ellos. Debían recibir el Espíritu Santo

después de ella. Y también ustedes. Deben ser santificados, pero no lo son.[2]

La decisión más significativa que Wesley hiciera en relación con la colonia británica de América del Norte consistió en enviar a un joven predicador ambulante de nombre Francis Asbury. El joven pastor, quien antes se dedicaba a la herrería, había sido pastor en Inglaterra por cuatro años antes de llegar a América del Norte en 1771.

Asbury, como Wesley, se adhería estrictamente a la doctrina de la entera santificación. Daba testimonio de haber sido salvo a la edad de 15 años y de haber sido santificado un año después. "En 1782 escribió en su *Journal* (Diario) que el único tipo de predicación que hacía bien era aquel en el que se 'impulsaba a usar los medios de gracia y a buscar la santidad de corazón'. En cierta ocasión escribió: "He descubierto, después de una búsqueda secreta, que no he predicado la santificación como debiera haberlo hecho. Si soy restaurado, ésta debería ser mi tema con mayor tenacidad que nunca'."[3]

El metodismo casi se extinguió en las colonias británicas cuando éstas declararon su independencia de la corona británica y, como era de esperarse, Juan Wesley apoyaba a su rey. Todos los pastores wesleyanos regresaron a Inglaterra, excepto Asbury, quien se convirtió en ciudadano del nuevo país en 1778. Cuando llegó a la colonia británica, "sólo había tres lugares de reunión de los metodistas y como 300 adherentes. Para el tiempo de su muerte ya existían 412 sociedades metodistas con una feligresía de 214,235."[4]

Dicho de otra manera, "como de 14,000 miembros de la iglesia hacia el final de la guerra de independencia, la Iglesia Metodista Episcopal creció hasta un total como de 600,000 en 1833, y hasta más de un millón (de una población total de 20 millones) en 1845".[5]

En el ambiente propicio de las nuevas fronteras estadounidenses, el metodismo no sólo experimentó un rápido crecimiento, sino que hasta tomó una forma diferente de la de su iglesia madre, el metodismo británico. Esa circunstancia haría un fuerte impacto en el movimiento de los grupos de santidad de finales del siglo XIX. Pero antes de examinar esos cambios, veamos otro factor que influyó significativamente en la forma en que los metodistas adoraban y servían al Señor, el pietismo.

El movimiento pietista

Nuestro breve repaso nos remonta hasta la renovación del movimiento iniciado en Alemania durante el siglo XVII. Se extendió hasta el siglo XVIII y ejerció una influencia muy poderosa sobre el desarrollo espiritual de Juan Wesley. El fundador principal del pietismo fue Philip Jacob Spener, quien murió en 1705. Fue un prominente pastor luterano en Estrasburgo y en Frankfurt.

La meta pastoral de Spener para su congregación consistía en que se convirtieran genuinamente y desarrollaran una estrecha relación con Cristo de modo que pudieran vivir en santidad y buenas obras. Para lograr ese objetivo, "predicó un estilo de vida disciplinado, libre de trivialidades y vicios tales como el juego de los naipes. Tenía la idea de que aun cuando no se debían descartar otras doctrinas, sólo a aquellas que trataran directamente sobre la vida cristiana se les debía prestar mayor atención".[6]

El movimiento pietista se desarrollaría en muchas formas bajo diversos líderes. Se destacaron las siguientes características generales:

1. El movimiento estaba convencido de que la esencia del cristianismo radicaba en un cambio interno experimentado individualmente.
2. Exhortaba a una entrega total a Cristo, acompañada de un rompimiento total con la vida pecaminosa antigua, así como de una práctica disciplinada de piedad que proveía de la oportunidad de crecer en santidad personal.
3. Se concentraba en una atención renovada sobre la Biblia.
4. Inherentemente era un movimiento de protesta; una protesta contra la situación imperante de la estructura religiosa.
5. Le dio expresión tangible a la doctrina de la Reforma del sacerdocio de todos los creyentes.
6. Lo impulsaba un fuerte sentido de misión. Las misiones modernas y la obra evangélica social de hoy son fruto directo del movimiento pietista.

Fácilmente se distingue la prolongada sombra del pietismo en el movimiento de santidad de nuestros días.

Ya durante la época de Wesley el pietismo había cruzado el canal de La Mancha hasta Inglaterra, en donde el pietismo se manifestó en forma más visible entre los moravos. En 1775 ya existían 15 congregaciones moravas en Inglaterra. En una de ellas, Wesley pasó por su "experiencia de la calle Aldersgate", al escuchar a un pastor moravo cuando leía el *Prefacio a los Romanos*.

El florecimiento del pietismo en el contexto del metodismo, en un continente no explorado, produjo una nueva forma de adoración religiosa: el movimiento de santidad moderno. Enfocaremos ahora nuestra atención sobre la influencia que ejerció la expansión fronteriza de Estados Unidos sobre el crecimiento de la iglesia.

Fronteras de los Estados Unidos

Eran sólo 13 colonias que difícilmente sobrevivían en medio de lo desconocido. Pero acababan de derrotar a una de las naciones más poderosas en el campo de batalla. Les embargaba un optimismo desmedido, en parte por los ricos e inexplorados territorios que se extendían hacia el oeste. Esa atracción de lo desconocido les infundía esperanza para el futuro.

Los nuevos colonos liberados habían llegado de Inglaterra y Europa, en donde la gente común ni siquiera se atrevía a soñar con llegar algún día a poseer tierras. Pero en su nuevo país era diferente. Los esperaban territorios ricos y vírgenes que se extendían hasta donde el sol se ocultaba. Las oportunidades que les brindaban las fronteras occidentales ejercerían una gran influencia sobre el sueño norteamericano y harían un fuerte impacto en la fe religiosa de sus ciudadanos.

Thomas Jefferson lo llamó "el derecho inalienable a la libertad" de que disfruta el hombre. Muy pronto los líderes nacionales de Estados Unidos comenzaron a referirse a la expansión territorial como el "destino manifiesto" de su nación —"frase que, en su concepto más amplio, significaba que los norteamericanos eran un pueblo escogido, ordenado por Dios para establecer una sociedad modelo".[7] Esa confianza en la aprobación divina produjo un espíritu de triunfo final que abrió la puerta a todo un siglo de expansión occidental.

En el siglo XIX, el espíritu aventurero de la frontera fue la fuerza dominante que moldeó el pensamiento y la acción estadounidenses. Nadie necesita sentirse limitado por los linderos de la propiedad de su vecino, ni por sus ideas restrictivas ni acciones hostiles. La frontera era muy atractiva. Era el símbolo de nuevos comienzos, la oportunidad de crear un mundo perfecto.

Ola tras ola de personas emprendían su viaje hacia el oeste, tras un sueño dorado. Con trabajo arduo, los sueños se volvían realidad casi instantáneamente. Ya no era necesario esperar el lento movimiento de la historia. ¡Estaba ocurriendo!

Ese nuevo espíritu era apoyado por una nueva confianza en sí mismos de los colonizadores, quienes abrigaban una gran esperanza en el futuro. Surgió entonces una nueva generación de filósofos, encabezada por Ralph Waldo Emerson y Henry David Thoreau. Los "trascendentalistas", como se les llamaba, ejercieron su mayor influencia en Estados Unidos entre 1830 y 1855. Eran idealistas, creían en la bondad del hombre y en su capacidad innata de mejoramiento propio. Vinson Synan señala que "los ideales éticos a los que aspiraban Emerson y Henry David Thoreau en un plano de altos niveles, los buscaba la gente común en los cultos y en las reuniones de clases de los metodistas. En el idealismo de los primeros estadounidenses prevalecía cierto tipo de trascendentalismo evangélico".[8]

Es importante señalar que el espíritu fronterizo abrazó con mayor facilidad las doctrinas arminianas del libre albedrío y del mejoramiento de la humanidad que la doctrina calvinista de la predestinación. El anhelo de libertad que había impulsado a las masas a aventurarse en una tierra desconocida no les permitiría esclavizarse a ningún sistema, ni político ni religioso. Al ver la historia retrospectivamente, resulta claro que el arminianismo, junto con el espíritu estadounidense primitivo, ejercerían una gran influencia en la religión del Nuevo Mundo.

Los predicadores ambulantes de circuito también invadieron las fronteras occidentales. Realizaban un intenso ministerio que advertía sobre la ira divina y llamaba a los pecadores a un dramático cambio de vida mediante el poder de Dios. Ningún grupo religioso creció con mayor rapidez ni se benefició tanto del espíritu fronterizo estadounidense como los metodistas. Desde el principio, "los metodistas enseñaron la posibilidad y lo deseable de la 'entera santificación' o la 'perfección cristiana' subsecuente a la conversión".[9] Sin embargo, para finales de la primera cuarta parte del siglo XIX, ya casi se había extinguido el fuego del evangelismo de santidad en la Iglesia Metodista. Y todo iba de mal en peor.

"Puesto que la mayoría de los pastores metodistas no profesaban la perfección cristiana", escribe Charles Jones, "no podían dirigir a otros hacia esa experiencia".[10]

Pero como en todos los períodos de decadencia espiritual, había quedado un remanente fiel. Uno de ellos, Timothy Merrit, miembro destacado de la Conferencia de Nueva Inglaterra, comenzó a publicar un periódico intitulado: *The Guide to Holiness* (La guía para la santidad). Ese periódico se convirtió en una de las voces más poderosas del metodismo para llamar a los pastores y al pueblo a una vida santa.

L. L. Hamline, de la Iglesia Metodista Episcopal, fue santificado por completo como resultado de la obra del señor Merrit y sus amigos. Ya como obispo metodista sobresaliente, en 1845 "lamentaba mucho la extendida negligencia de la predicación de la perfección cristiana entre los metodistas estadounidenses". Quizá con exageración, afirmaba que la doctrina del amor perfecto se había convertido en "simple especulación de 49 de cada 50 metodistas".[11]

Sarah Lankford fue otra de las personas de importancia que impulsó el avivamiento de la santidad cristiana.

Enfocaremos ahora nuestra atención en sus "reuniones de los martes".

Las reuniones de los martes

Sarah Lankford fue santificada por completo en mayo de 1835. Poco después de pasar por esa experiencia comenzó a celebrar una reunión de oración en su casa de Nueva York. En agosto de ese año, se unieron varios grupos de oración. Esas reuniones de oración combinadas, con el tiempo se llegaron a conocer como "las reuniones de los martes para la promoción de la santidad". Esas reuniones constituirían uno de los factores más poderosos del movimiento de santidad del siglo XIX. Esa circunstancia se puede atribuir en gran medida a que su hermana, Phoebe Palmer, también fue santificada durante el verano de ese año. Phoebe Palmer, esposa de un médico neoyorquino y destacado laico metodista, Walter C. Palmer, sería una de las líderes de mayor influencia en el llamamiento a la renovación mediante la experiencia de la entera santificación.

Cuando la señora Lankford se mudó de Nueva York, Phoebe Palmer asumió la dirección de las reuniones de los martes. Esas reuniones se hicieron tan populares que se siguieron celebrando como 30 años después de la muerte de la señora Palmer, ocurrida en 1874.

Para 1858, además de la atención que le daban a las reuniones de los martes y a un agresivo programa de publicaciones, los Palmer ya se habían convertido en obreros muy populares en campañas de avivamiento y concentraciones campestres. Tiempo después ministrarían en Inglaterra por varios años como agentes de Dios para promover la santidad en la cuna misma del metodismo. Phoebe Palmer era la consejera y guía espiritual de muchos líderes con talentos.

Sin embargo, la más grande influencia de la señora Palmer fue en su enseñanza de la santidad. Esa enseñanza haría un fuerte impacto en el movimiento de santidad en su desarrollo a finales de ese siglo. Por su importancia, haremos una pausa para echar un breve vistazo a su gran influencia.

La influencia de Phoebe Palmer

Desde el principio es importante señalar que no se trataba de una doctrina nueva, sino de un nuevo giro de la misma. Phoebe Palmer creía que su enseñanza de la entera santificación y la perfección cristiana era totalmente wesleyana. Ella había nacido y se había criado en un hogar metodista, había oído la predicación de la doctrina y había deseado entrar en la vida del amor perfecto. Durante 11 años había tratado, sin éxito, de ser enteramente santificada.

La razón de su fracaso era fácil de detectar. El metodismo británico exportado a las colonias era abundante en teología, pero escaso en metodología. Esa falta era obvia en los escritos de sus contemporáneos. Por ejemplo, en el libro de George Peck: *The Scripture Doctrine of Christian Perfection Stated and Defined* (La declaración y definición de la doctrina bíblica de la perfección cristiana), de sus 470 páginas sólo 20 se dedicaban a la forma de obtener la experiencia. Asa Mahan, de Oberlin, Ohio, a quien consideraremos más adelante, escribió el libro: *Scripture Doctrine of Christian perfection... Illustrated and Confirmed* (La doctrina bíblica de la perfección cristiana... ilustrada y confirmada), el cual no contiene ninguna instrucción sobre cómo ser santificado.[12]

Un repaso a los escritos de Juan Wesley sobre la perfección cristiana revelará que él creía que la entera santificación se podía experimentar instantáneamente cuando el creyente ponía en acción su fe. Sin embargo, subrayaba más el proceso que la crisis —la vida resultante y no tanto la experiencia misma.

Además de la falta de instrucciones para la búsqueda de la santidad, había otra razón poderosa para la larga búsqueda de Phoebe Palmer. "Los metodistas, básicamente, entendían no sólo la conversión sino también la santificación... en términos de estados y procesos emocionales."[13]

Y Phoebe Palmer no era del tipo emocional.

Ella encontró la respuesta en Mateo 23:19, en la frase: "El altar que santifica la ofrenda." Ya no necesitaría estar bajo ninguna presión para obtener cierto nivel de comprensión o estado emocional. Lo único que necesitaba era ponerse en el altar y la Palabra de Dios lo decía claramente, Dios la santificaría. La fe y la confianza en Dios cobraron más importancia que la comprensión total y la emoción compulsora. El contraste entre los Wesley y Phoebe Palmer resalta en los himnos que ambos escribieron. Como escribió Charles Jones: "El himno representativo del pensamiento de los Wesley era, *Quisiera yo con lenguas mil* (número 10 de *Gracia y Devoción*), y el de Phoebe Palmer, *La fuente eternal hallé* (número 106 de *Gracia y Devoción*)."[14]

La enseñanza de la señora Palmer acerca de la crisis encajaba perfectamente en el ambiente estadounidense, reflejaba el espíritu de la nueva nación y se adaptó rápidamente al evangelismo de santidad. De ahí que Melvin Dieter dijera: "Esa apelación directa a una entrega inmediata tuvo una amplia y extendida respuesta, que Phoebe Palmer y otros disfrutaron en la promoción especial de una segunda crisis en la experiencia cristiana personal, enseñanza principal del avivamiento de santidad."[15]

Aspectos interdenominacionales

La búsqueda de satisfacción espiritual mediante la santidad de corazón no era una experiencia exclusiva de los metodistas. En la siguiente evaluación de las reuniones de los martes de Phoebe Palmer se observa un breve destello de su carácter interdenominacional.

> Las reuniones de los martes... ejercieron una gran influencia sobre los selectos dirigentes eclesiásticos metodistas, así como sobre los adherentes de otras corrientes teológicas. Sus seguidores no sólo incluían personajes metodistas destacados como Stephen Lin, rector de la Universidad Wesleyana, de Connecticut; Nathan Bangs, redactor de *Christian Advocate* (El defensor cristiano) de Nueva York; y los obispos Edmund Jones, Leonidas Hamline, and Jesse Peck; sino también a los congregacionalistas Thomas C. Upham, maestro de Bowdoin, y Asa Mahan, rector de Oberlin; al episcopal Charles Cullis, médico de Boston; a los bautistas E. M. Levy y A. B. Earle, ministros de Filadelfia y Boston respectivamente; y de la Iglesia de los Amigos a Hannah Whitall Smith, autora del popular libro: *El secreto de la vida cristiana feliz**, y David B. Updegraph, líder de la Reunión Anual de Ohio.[16]

Uno de los personajes no metodistas más influyentes fue Charles G. Finney. El renunció a su pastorado presbiteriano en 1835 para tomar el profesorado de teología de la nueva universidad de Oberlin, Ohio. Durante su primer año de docencia, tanto él como su rector, Asa Mahan, estudiaron con

---

*Cuando la obra se ha traducido al castellano, sólo incluimos el título de esa edición.

detenimiento la doctrina de la perfección cristiana. "En 1836, Mahan y Finney profesaron haber experimentado una segunda crisis espiritual tan radical como la dramática experiencia inicial de la conversión."[17] Finney llegó a ser uno de los predicadores de avivamientos más sobresalientes de esa época.

Había algunas diferencias sutiles entre la enseñanza de la "escuela de Oberlin", como llegó a conocerse, y el pensamiento metodista sobre la perfección cristiana. Pero lo importante en esta sección radica en destacar la búsqueda de la perfección cristiana, que no se concretaba a los círculos metodistas. Era una característica de casi todos los segmentos de la iglesia protestante de Estados Unidos. Esos y otros factores se conjugaron para darle paso a uno de los avivamientos más grandiosos de todos los tiempos —el avivamiento de santidad de 1858.

El avivamiento de santidad de 1858

El impacto que hicieron Charles Finney, Phoebe Palmer, sus seguidores y colaboradores, fue extraordinario. La renovación de interés produjo un poderoso avivamiento. "De hecho, de 1835 a 1858 el avivamiento de la promoción de la doctrina y el número de los que profesaban disfrutar la experiencia aparentemente se extendió a un ritmo continuo."[18]

Quizá 1858 fue el año más grandioso en la historia del evangelismo de santidad. Timothy Smith observa que "como medio millón de personas se convirtieron a Cristo... también centenares de miles de personas fueron inspiradas a buscar la santidad de corazón y vida".[19]

El avivamiento de 1858 sería el último despertamiento religioso antes de la Guerra Civil que devastó a Estados Unidos. ¡Pero fue todo un acontecimiento histórico!

El avivamiento comenzó en Nueva York y se extendió a casi todo el noreste, primordialmente en las zonas urbanas. Durante ese despertamiento espiritual extraordinario, los empleados de negocios cantaban himnos espontáneamente y los estibadores se arrodillaban en los muelles para orar juntos. Las compañías de telégrafos permitían que se enviaran mensajes gratuitos a los "pecadores" a ciertas horas del día. En poco tiempo se comenzaron a celebrar reuniones de oración con más de mil personas de asistencia en varias ciudades. Incluso Henry Ward Beecher, el fiero opositor de los avivamientos de ese tipo, se unió a la cruzada después de que su iglesia se llenó completamente noche tras noche, sin invitación especial o particular. El avivamiento de 1858 fue tan intenso y profundo como el de Whitfield de 1740.[20]

Desafortunadamente, el impulso del avivamiento se apagó por completo debido a manipulaciones políticas relacionadas con la Guerra Civil que dividió a la nación pocos años después.

Recuperación espiritual subsecuente a la guerra

El alto idealismo y la energía emocional del avivamiento de santidad no pudieron evitar la explosión de ira en la "guerra entre hermanos". Ningún grupo religioso quedó al margen de esa tragedia. Sin embargo, aun antes de que el General Robert E. Lee se rindiera ante el General U. S. Grant en el Tribunal de Appomattox, en abril de 1865, ya se vislumbraban señales de renovación en toda la nación. Las reuniones para la promoción de la santidad crecían a ritmo muy acelerado. Comenzaban a aparecer nuevas publicaciones de promoción de la santidad. Y quizá providencialmente los esposos Palmer estaban por regresar de Inglaterra. Todos esos factores se conjugaron para producir un avivamiento de santidad cristiana. Quizá el evento más significativo ocurrió en Nueva York en abril de 1867. Ahora enfocamos nuestra atención en ese evento.

Reuniones campestres

Todo comenzó en agosto de 1866. El reverendo J. A. Wood, autor del popular libro *El amor perfecto*, charlaba animadamente con su amiga, la señora Harriet Drake. Le dijo a ella que, aun cuando la predicación de la doctrina de la entera santificación ya casi se había olvidado entre los metodistas, todavía se predicaba en algunas reuniones campestres. Entonces dijo que "deberían celebrarse algunas reuniones campestres con el propósito expreso de predicar esa doctrina". La señora Drake, quien había experimentado la entera santificación y apoyaba ampliamente la doctrina de la santidad, ofreció pagar la mitad de los gastos de esas reuniones campestres si se podían organizar.

La idea de reuniones campestres de santidad siguió ardiendo en el corazón del reverendo Wood. Poco después, compartió su carga con el reverendo William B. Osborn, de la Conferencia Metodista de Nueva Jersey. Pronto él también sintió ese mismo fuego en su corazón por organizar reuniones campestres de santidad. De esa manera, en abril de 1867, Osborn viajó a la ciudad de Nueva York para compartir su sueño con el reverendo John S. Inskip, pastor de la Iglesia Metodista Episcopal de la calle Green.

"Con gran sentimiento, el reverendo Osborn le dijo al reverendo Inskip: 'Creo que Dios nos concederá celebrar una reunión campestre de santidad.' El entusiasmo de Osborn era tan contagioso que el pastor Inskip aprobó la idea de inmediato. Al ganarse al Rdo, Inskip, el movimiento de santidad tuvo el apoyo de un dirigente extraordinario que llegaría a ser líder nacional."

Después de hacer la decisión, los dos predicadores actuaron de inmediato. En julio de 1867, organizaron una reunión campestre de santidad en Vineland, Nueva Jersey.

La reunión campestre de Vineland fue histórica, al grado de que muchos historiadores la consideran como el inicio del movimiento de santidad moderno. Fue de tanto éxito que de inmediato se formó una organización; eligieron al reverendo Inskip como presidente y se adoptó un nombre: Asociación Nacional de Reuniones Campestres para la Promoción de la Santidad. Había llegado el momento oportuno para el nacimiento de esa organización. Durante los siguientes 25 años se celebraron reuniones campestres de santidad por toda la nación. Quizá una de las más memorables fue la que se celebró en Round Lake, Nueva York, en 1874. El Presidente de Estados Unidos, U. S. Grant, asistió a uno de los cultos, al que también asistieron siete obispos metodistas y una congregación como de 20,000 personas durante la semana.

Pero el futuro de la predicación de la santidad no era tan brillante como parecía. Smith dice:

> Muchos creyeron, en 1858, que el evangelio de la perfección cristiana constituía la clave para un siglo de prosperidad espiritual. Cincuenta años después, cuando los seguidores de Phineas F. Bresee, H. F. Reynolds and C. B. Jernigan se reunieron en un pueblecito de Texas llamado Pilot Point para unir los fragmentos del movimiento de santidad, la doctrina se había convertido en un credo controversial. Muchos teólogos de pelo entrecano aun seguían soñando con una gran cruzada interdenominacional a manera de un Pentecostés nacional. Bresee y Reynolds compartían un optimismo similar, y declararon

que la consolidación de los grupos de santidad alcanzaría ese objetivo muy pronto. Pero todos sabían que el argumento de mayor peso para la "predicación de la santidad organizada" era la naturaleza agresiva de su oposición.[21]

Estudiaremos ahora ese abrupto cambio de acontecimientos.

La tormenta se avecinaba

El avivamiento de santidad en Estados Unidos no era considerado por todos los líderes de las iglesias como fuerza positiva. Ya desde 1830 se comenzaba a desarrollar cierta resistencia. En 1848 surgió abiertamente la oposición hacia un renovado interés en la perfección cristiana entre los metodistas. Se publicó entonces un libro grande en el que se cuestionaba la posición wesleyana. En revistas teológicas también se publicaron artículos en los que se negaba que la santificación fuera una obra diferente del nuevo nacimiento.

En los años que siguieron a la Guerra Civil se desarrollaron tensiones en la iglesia sobre formas aceptables de conducta y adoración. Muchas personas creían que se presionaba a la iglesia para que tomara un rumbo en el que se ponía en peligro la sencillez que enseñó Cristo. Creían que los liberales estaban ganando el control de la iglesia y dirigiéndola hacia prácticas mundanas. Esas personas que se oponían a lo que consideraba mundanalidad, encontraban consuelo y renovación espiritual en las reuniones campestres de santidad. Naturalmente, al tratar de transferir el espíritu y el mensaje de las reuniones campestres a las iglesias locales, comenzó a aumentar la tensión.

De seguro muchas otras razones de peso contribuyeron a ahondar la brecha que se desarrolló. Una de ellas fue el éxito tan extraordinario de la Asociación Nacional de Reuniones Campestres para la Promoción de la Santidad y la amplia participación en reuniones de entre semana organizadas con el mismo propósito. Esas actividades representaban una amenaza para la iglesia establecida. Comenzaron entonces a cuestionar la integridad de la institución. En esa tensión, muchos líderes de iglesias que simpatizaban con la causa de la santidad se vieron obligados a decidir entre una doctrina controversial y la iglesia establecida. La mayoría decidieron permanecer en su iglesia. Se ha de tener cuidado para no mal entender a aquellos administradores denominacionales. La Guerra Civil había debilitado la fibra misma de la iglesia. Como era de entenderse, ya no querían más controversias. La sanidad de las heridas que la iglesia había sufrido era más asunto mental. Por tanto, sin esperarlo y desafortunadamente, la meta de la Asociación Nacional de Reuniones Campestres de reavivar la iglesia constituyó una amenaza para ésta. El resultado final fue la formación de grupos de personas que se sentían libres para predicar y enseñar las doctrinas de la entera santificación y la perfección cristiana sin caer continuamente en controversias. Como dice Jones: "Por tanto, los ministros que procuraban reformas... sin proponérselo se convirtieron en agentes de controversia y división tanto dentro como fuera de su denominación."[22]

En esta obra no contamos con el espacio suficiente para estudiar toda esa cuarta parte del siglo XIX. Durante ese período, los extremistas de ambas partes hicieron oír su voz fuertemente. Los que se inclinaban por las iglesias establecidas decían: "Echémoslos de nuestras iglesias" —es decir, a todos aquellos que proclamaran la santidad como segunda bendición. Los que favorecían la predicación de la santidad se decían unos a otros: "Organicemos nuestra propia iglesia y dejémoslos bajo el juicio divino por su mundanalidad", refiriéndose, por supuesto, a los que se oponían a la santidad bíblica.

Ya para la década final del siglo todo estaba aclarado. En las iglesias establecidas no cabían los defensores de la santidad. Tanto amigos como enemigos eran responsables por ese rompimiento inevitable. "La medida de la intensidad del conflicto sobre la santificación radica en el hecho de que 23 denominaciones de santidad fueron fundadas en el relativamente corto período de siete años entre 1893 y 1900."[23]

> Fue asunto de interés el que el movimiento de santidad se fragmentara... en lugar de formar un grupo grande y unificado. Ya estaba en operación la maquinaria por la cual todos esos grupos podían fácilmente transformarse en una denominación nacional. La Asociación Nacional de Santidad, con sus grandes reuniones campestres de santidad y grandes convocaciones, aunque estaba muy mal organizada, bien pudo haber servido como el vehículo para ese movimiento.[24]

Pero no fue así.

Se ha calculado que si todos los grupos de santidad se hubieran unido para formar una denominación, hubieran tenido más de un millón de miembros. Pero independientemente de las razones, de las que hubo muchas, el movimiento se fragmentó. Se organizaron muchas iglesias en lugar de una sola. Precisamente en el siguiente capítulo estudiaremos los orígenes de una de esas iglesias —la Iglesia del Nazareno.

CAPÍTULO 3

PRINCIPIOS DE LA IGLESIA EN EL OESTE NORTEAMERICANO

"Dios nos ha llamado a ayudar en la cristianización del cristianismo." ¿Le parece esto la expresión de algún predicador joven y fanático? De ninguna manera; son las palabras de un ministro quien sirvió como evangelista, pastor y superintendente de distrito por 37 largos años. Se llamaba Phineas F. Bresee. Durante esos años de ministerio sus convicciones sobre la doctrina wesleyana de la entera santificación se profundizaron y arraigaron. Pero la actitud hostil a su mensaje y presentación dinámicos de esta doc-trina, y a los avivamientos espirituales que venían como resultado, lo obligaron a lanzarse al ministerio fuera de la Iglesia Metodista Episcopal.

A principios de 1894, se le pidió al Dr. Bresee que aceptara el pastorado de la Misión Peniel en Los Angeles, California. "Por muchos años había abrigado el deseo", dijo después, "de tener un lugar en el corazón de la ciudad para transformarlo en un centro de fuego santo donde pudiera predicar el evangelio a los pobres". Pero el obispo y su gabinete rehusaron permitirle continuar con esta obra independiente y conservar al mismo tiempo sus relaciones con la conferencia anual.

Por fin, después de pasar toda una noche en meditación y oración, el Dr. Bresee solicitó al superintendente de distrito que lo colocara en la lista de ministros inactivos. Su petición se concedió. Después de otra noche de oración y meditación, el Señor le dio esta promesa: "Oíd palabra de Jehová, vosotros los que tembláis a su palabra: vuestros hermanos que os aborrecen y os echan fuera por causa de mi nombre, dijeron: Jehová sea glorificado. Pero él se mostrará para alegría vuestra, y ellos serán confundidos" (Isaías 66:5). Este versículo fue un mensaje del Señor que trajo consuelo y paz a su desolado corazón.

La organización de la Iglesia del Nazareno

Después de servir como pastor de la misión Peniel por un año, una nueva puerta se abrió para el Dr. Bresee. Algunos amigos interesados en promover el "evangelio completo" rentaron el edificio de un comercio en la calle Main, 317 sur, de Los Angeles, California. Imprimieron anuncios haciendo saber que el domingo 6 de octubre de 1895, el reverendo P. F. Bresee, D. D., predicaría allí a las 11 de la mañana, y el reverendo J. P. Widney, LL. D., por la noche. Los creyentes en la santidad se reunieron felices para aquellos primeros servicios. Al tercer domingo por la mañana, ochenta y seis personas organizaron la Iglesia del Nazareno con el propósito declarado de predicar la santidad y llevar el evangelio a los pobres. Unos pocos días más tarde la organización quedó bien cimentada con 135 miembros fundadores. Se escogió el nombre de la iglesia en honor al Señor Jesucristo, quien fue llamado "nazareno" (Mateo 2:23).

Unos cuantos días después, el Dr. Bresee transitaba por la avenida Grand cuando observó la construcción de un enorme templo. Su corazón se conmovió al pensar en la enorme necesidad que el pueblo de santidad tenía de un sitio adecuado para la adoración. Cerró los ojos y oró diciendo: "Señor, parece que en esta ciudad hay más que suficiente dinero para edificar grandes templos; por favor danos algo de ese dinero para levantar un santuario para la Iglesia del Nazareno." Inmediatamente le pareció que el Señor le contestaba: "Yo me he dado a Mí mismo a ti." "¡Gracias, Señor!" exclamó el Dr. Bresee. "Prefiero poseerte a ti que todo lo demás, puesto que contigo tendremos todas las cosas."

No pasó mucho tiempo sin que fuera posible obtener un terreno en la calle Los Angeles, entre las avenidas 5 y 6, y construir un edificio temporal. Este tabernáculo tenía capacidad para 400 personas, pero pronto resultó insuficiente. Para agrandar lo edificado se pidió a la congregación que diera una ofrenda de trescientos dólares. Mas aquel pueblo fiel y lleno de entusiasmo levantó cuatrocientos dólares en una sola ofrenda.

El templo, ya ampliado, medía alrededor de quince metros de ancho por veinte de largo, con capacidad para 600 personas. Había costado $900 dólares. "No pedimos ni deseamos", dijo el Dr. Bresee, "templos costosos. Deseamos la manifestación del poder, la gloria y la presencia divinas. Nos regocijamos en el Señor. En este sencillo templo los pobres se harán ricos, y los quebrantados se regocijarán. El cielo nos encontrará aquí y llenará nuestras almas".

Las frecuentes manifestaciones de la presencia de Dios en los servicios demostraban, sin lugar a dudas, que la recién nacida Iglesia del Nazareno contaba con la aprobación de Dios. El avivamiento continuo, acompañado por la conversión y la santificación de las almas, traía a incontables visitantes, algunos que venían por curiosidad, y otros a adorar. Los visitantes mostraban disgusto o placer al observar y escuchar el canto alegre y las demostraciones de gozo de aquellos cristianos llenos del Espíritu. El tabernáculo pronto se convirtió en uno de los lugares más visitados de la ciudad de Los Angeles.

E. A. Girvin anotó este incidente:

> Un día, cuando cierto grupo de turistas se preparaba para salir de Los Angeles, y regresar a sus hogares en el este, conversaban sobre sus experiencias. Uno de ellos preguntó: "¿Visitaste la Iglesia del Nazareno?" El otro respondió: "No, oímos hablar de ella y quisimos ir, pero no pudimos hacerlo." El primero dijo: "Pues debiste haber ido. Nunca se ha visto algo semejante. La gente allí canta y aplaude y se pone en pie, y dicen que ha sido santificada. Es la cosa más impresionante que tú jamás hayas visto."

El establecimiento de iglesias del nazareno en California

Aunque pequeña y limitada de recursos en sus principios, la Iglesia del Nazareno creció rápidamente llegando a poblaciones claves en California y otros estados vecinos. El reverendo E. A. Girvin, compañero del Dr. Bresee desde el principio, se interesó en establecer una Iglesia del Nazareno en Berkeley, California. Estas eran las primicias de la visión que el Dr. Bresee poseía de propagar la obra de santidad en poblaciones importantes que fueran centros de fuego santo a los distritos circunvecinos y por toda la nación. En 1897 se establecieron iglesias en Berkeley y en Oakland; y también se dieron los primeros pasos para organizar la obra en Elysin Heights, Los Angeles, y en South Pasadena.

El Dr. Bresee no tuvo el propósito de comenzar otra

denominación. Sin embargo, pronto resultó muy evidente que lo iniciado como una organización local estaba floreciendo hasta llegar a ser una nueva denominación; estaba destinada a ofrecer una contribución espiritual valiosa al mundo religioso por su énfasis en la doctrina neotestamentaria de la entera santificación, y por su esfuerzo en proclamar el evangelio hasta los fines de la tierra. Cuando el Dr. Bresee se dio cuenta de que se desarrollaba una nueva denominación, comenzó a estudiar muy seriamente la forma de que fuera verdaderamente una iglesia neotestamentaria, tanto en doctrina como en la práctica. Por eso se adoptó el plan que los apóstoles usaron para extender la iglesia, sembrando el cristianismo en las ciudades.

No pasó mucho tiempo sin que otros grupos religiosos reconocieran la obra de la Iglesia del Nazareno en escala nacional. Un número creciente de predicadores célebres de santidad, muchos de ellos famosos nacional e internacionalmente, se asociaron con el Dr. Bresee. Por ejemplo: Bud Robinson, Will Huff, C. R. Cornell, J. T. Hatfield, C. W. Ruth, L. Milton Williams, Jeff Rogers, Seth C. Rees y I. C. Martin.

Refinando la organización de la iglesia

El 18 de abril de 1898 se reunió el primer concilio de la Iglesia del Nazareno en el tabernáculo de la calle Los Angeles. El concilio, compuesto por pastores, delegados oficiales, y otros interesados especialmente en la obra, adoptó una breve declaración de artículos de fe y reglas generales.

Aunque un buen número de los líderes de la iglesia habían asistido al concilio de abril, la primera "reunión oficial de delegados" de la nueva denominación se llevó a cabo el 14 de octubre de 1898 en la Primera Iglesia de Los Angeles. Después de los negocios necesarios, se levantó la sesión para volverse a reunir cuatro días después. Sucedió que muchos asistentes demostraron inconformidad en que el superintendente general ocupara su posición en forma vitalicia. El propósito principal de este concilio fue preparar un manual que representara la fe y la práctica de la joven iglesia.

Cuando los delegados se reunieron de nuevo para optar por alguna decisión sobre la vigencia del superintendente general, el Dr. Bresee y el Dr. Widney, los superintendentes generales, presentaron su renuncia. Esto hacía posible que el punto tan discutido pudiera volver a la mesa. Entonces se pasó un nuevo acuerdo, limitando a sólo un año el período de servicio al que se elegía a los superintendentes generales.

Al año siguiente, el 16 de octubre de 1899, la "Primera Asamblea" se reunió en la Primera Iglesia del Nazareno de los Angeles. El Dr. Bresee presentó su informe anual a los treinta y tres miembros y visitantes de la asamblea. Varios obreros que habían trabajado durante el año en distintos campos también rindieron informes, testificando de la gracia y las bendiciones de Dios. La asamblea unánimemente reeligió al Dr. Bresee como superintendente general para el nuevo año, y determinó nombrar un comité permanente de publicaciones para organizar la Compañía Nazarena de Publicaciones e imprimir "El Nazareno" y otra literatura de santidad.

Los informes presentados a la Tercera Asamblea Anual reunida en Los Angeles el 16 de octubre de 1900, revelan que la iglesia había recibido 933 miembros. Los directores de la Compañía Nazarena de Publicaciones informaron que se había registrado conforme a la ley, y colocado la propiedad de la compañía bajo el nombre de la Iglesia del Nazareno. Todas las ganancias de la compañía quedarían a la disposición de la asamblea.

Al discutir las dificultades que la Iglesia del Nazareno confrontaba, el Dr. Bresee declaró que "un movimiento nuevo, especialmente si tiene éxito, atrae a sí a algunos elementos que se vuelven un verdadero estorbo... Fanáticos de todas clases esperan que un movimiento nuevo adopte sus chifladuras, pero cuando descubren que se trata del mismo evangelio original, encendido con el fuego de la presencia divina... levantan el vuelo rumbo a climas más acogedores".

El Dr. Bresee poseía una comprensión extraordinaria de los principos básicos para lograr el avance de la obra de Dios con éxito. Investido con el don natural del liderismo, y dotado del espíritu de sabiduría, unió a los miembros de la iglesia en una profunda devoción y dedicación a la causa de la santidad. Además de predicar las doctrinas fundamentales de la fe cristiana, echó mano de ocasiones y sucesos especiales para unir los intereses religiosos y espirituales en un organismo funcional, tales como la celebración del aniversario del día de Pentecostés, el aniversario de la organización de la iglesia, y el primer domingo de mayo como el día de la victoria.

Se establecen las doctrinas y costumbres nazarenas

Cuando la Iglesia del Nazareno se organizó en 1895, se pensó que sólo se necesitaría una breve declaración de fe, recalcando las doctrinas esenciales a la salvación y unas cuantas reglas simples para proteger la fe y orientar la conducta. Pero la iglesia creció rápidamente y pronto cayó en cuenta de que era indispensable adoptar algunos artículos de fe y algunas reglas. La reunión de delegados de 1898 aprobó una declaración más amplia que vino a ser el primer Manual de la Iglesia del Nazareno.

Las doctrinas que se consideraron esenciales a la vida y comunión cristiana fueron postuladas como sigue:

> Creemos:
> Primero, en un solo Dios el Padre, el Hijo y el Espíritu Santo.
> Segundo, en la inspiración de las Santas Escrituras
> según se hallan en el Antiguo y Nuevo Testamentos, y que ellos contienen toda la verdad necesaria a la fe y a la vida cristiana.
> Tercero, que el hombre es nacido con una naturaleza caída, y es, por tanto, inclinado al mal, y esto de continuo.
> Cuarto, en que los finalmente impenitentes seguramente se perderán.
> Quinto, que la expiación mediante Jesucristo es universal, y que quien oye la Palabra del Señor y se
> arrepiente y cree en el Señor Jesucristo es salvo de la condenación y del dominio del pecado; que un alma es enteramente santificada subsecuentemente a la justificación mediante la fe en el Señor Jesucristo.
> Sexto, que el Espíritu de Dios da testimonio en el corazón humano a la justificación por la fe y también a la obra de la entera santificación de los creyentes.
> Séptimo, en la resurrección de los muertos y en la vida eterna.

La declaración sobre la doctrina de la entera santificación, incluía el siguiente párrafo:

> Creemos en la doctrina de la perfección cristiana, o de la entera santificación. Esta es una segunda obra definida de

gracia en el corazón, por la cual somos enteramente purificados de todo pecado. Creemos que solamente los que han sido justificados y que andan en el favor de Dios pueden recibir esta gracia. Creemos que no es perfección absoluta, la cual pertenece sólo a Dios. No vuelve infalible al ser humano. Es amor perfecto el amor puro de Dios llenando un corazón que ha sido purificado.

Las reglas generales para la membresía en la iglesia cubrían tanto los aspectos negativos y positivos de la vida cristiana, eran casi idénticas con las del *Manual* que usamos hoy. También se reconocían, como hoy día, sólo dos sacramentos ordenados por Cristo: el Bautismo y la Santa Comunión. Estos se observaban como símbolos de la fe cristiana y medios de gracia por los cuales Dios aviva, fortalece y confirma la fe de los cristianos. El que solicitaba bautizarse podía escoger ser bautizado por rociamento, por inmersión o por efusión. El bautismo habría de hacerse en el nombre del Padre, del Hijo y del Espíritu Santo.

Desde el principio de su historia, la Iglesia del Nazareno se dio a conocer como una iglesia "prohibicionista". Esto es, que la regla para el cristiano era la abstinencia total de las bebidas intoxicantes. También se desaprobaba comprar, vender y usar tabaco, puesto que es un hábito inmundo, costoso y perjudicial para el cuerpo, el alma y la mente (1 Corintios 3:16-27).

La mayordomía cristiana del dinero se reconoció desde el principio como un privilegio sagrado y necesario para el sostén de las instituciones y el ministerio de la iglesia. A los nazarenos se les exhortaba desde entonces a obedecer la instrucción del apóstol Pablo: "Cada primer día de la semana cada uno de vosotros ponga aparte algo, según haya prosperado" (1 Corintios 16:2).

Los cristianos deberían considerar el estado del matrimonio con meditación y oración, esforzándose por contraer nupcias sólo en la voluntad del Señor, para evitar unirse a incrédulos. Mientras que la iglesia reconocía la existencia de ciertas causas y condiciones que pudieran justificar una separación legal, declaró que la única causa bíblica para el divorcio el adulterio sería también la única que justificaría que la parte inocente pudiera casarse de nuevo.

La iglesia creyó desde un principio con todo su corazón en las misiones mundiales, recalcando que la misión de Jesucristo era ir a todo el mundo y predicar el evangelio a toda criatura, y que era obligatoria. El testimonio cristiano era de importancia vital. Los nazarenos eran los testigos de Dios. El Dr. Bresee expresaba frecuentemente su convicción de que los nazarenos debemos ser vencedores por la sangre del Cordero y la palabra de su testimonio.

El Dr. Bresee escribió en enero de 1900: "El fin de la vida cristiana es la santidad y aquello a que la santidad nos inspira y nos conduce. El que no crea esto no debería pertenecer a una iglesia cristiana. Debería más bien permanecer a la puerta hasta que sepa de cierto que desea ir en la dirección en que la iglesia va." El creía que los cristianos deben creer firmemente todo lo que es absolutamente esencial a la santidad; que existen algunas verdades fundamentales, y que si abandonamos una sola de ellas nos quedaremos sin fundamentos suficientes para la santidad. Tales verdades son la Trinidad de la Deidad que incluye la deidad de Jesucristo y la personalidad del Espíritu; y que la expiación provee el nuevo nacimiento y la entera santificación por el Espíritu Santo, de lo cual el Espíritu da testimonio. "No hay lugar alguno", dijo el Dr.

Bresee, "para otras teorías sobre cosas que pretenden ser esenciales para la santidad. Las verdades bíblicas deben sostenerse tenazmente. A nadie debe admitirse en la iglesia si no cree completa y voluntariamente en estas doctrinas fundamentales.

Una publicación oficial

La Iglesia del Nazareno no contó con una publicación oficial regular durante sus primeros dos años, aunque de vez en cuando se lanzaba un pequeño boletín noticioso. Sin embargo, en enero de 1898 se inició la publicación de "*El nazareno*",* con el Dr. Bresee y el Dr. Widney como sus directores. Seis meses más tarde la revista aumentó de cuatro a ocho páginas. Al siguiente año los señores J. P. Coleman y E. H. Catterlin fueron nombrados directores asociados con el Dr. Bresee. La revista continuó mejorando y aumentando su contenido y en 1900 cambió su nombre a "El mensajero nazareno"

Esta publicación abogaba insistentemente en favor de la doctrina de la santidad y de la unión de los cuerpos de santidad. Además, exponía claramente los principios de organización eclesiástica y desplegaba el espíritu de avivamiento en todas sus páginas, contagiando la mente y el corazón de sus lectores. En poco tiempo contaba con una lista muy extensa de subscriptores en 32 estados y varios países. En una ocasión, cuando el Dr. Bresee animaba a otros a conseguir más subscriptores, dijo: "Expliquen ustedes cómo esta publicación va a la vanguardia en la batalla contra un eclesiasticismo formal y muerto, y también contra el fanatismo; expliquen que tiene nada más que un

---

*Este nombre y todos los demás similares son la traducción del original en inglés.

propósito: conducir al pueblo cristiano al bautismo con el Espíritu Santo, quien purifica y da poder, capacitándolos así para alcanzar a los perdidos; expliquen que si se subscriben, la revista será para ellos una gran bendición, y ellos a su vez contribuirán al avance de la obra de santidad."

El establecimiento de iglesias en poblaciones claves

El origen humilde de la Iglesia del Nazareno no fue un estorbo para su crecimiento acelerado. El lugar de su nacimiento, Los Angeles, había llegado a ser un foco de fuego de santidad que pronto se propagó a otras áreas tales como Berkeley, Oakland y South Pasadena. Para 1900, la membresía de la primera congregación llegaba a más de 800 personas, y de ese grupo más y más obreros bautizados con el Espíritu salían a predicar el evangelio dinámico de una salvación completa, y a establecer nuevos centros de fuego de santidad.

De la organización sencilla de una sola congregación, se había desarrollado una organización más compleja, adecuada para las necesidades de una iglesia que crecía con suma rapidez. El Dr. Bresee era el superintendente general y dirigía una gran cruzada espiritual que no era otra cosa sino una batalla cada vez más intensa contra las fuerzas del mal. "El mensajero nazareno" promulgaba las noticias gloriosas de los avivamientos de santidad que estaban conduciendo a cientos de personas a la maravillosa experiencia de la santidad de corazón, y la Casa Nazarena de Publicaciones distribuía ya tratados y libretos de santidad que ayudaban mucho a promulgar la doctrina de la santificación en regiones nuevas y más pobladas.

La expansión de la Iglesia del Nazareno es verdaderamente una historia fascinante. Hasta 1901 el trabajo de la iglesia se limitaba casi totalmente al sur de California. Pero entre 1901 y 1907 se organizaron iglesias en ciudades importantes del norte de ese estado al noroeste del país, al este de las montañas rocallosas, y aun al este del río Mississippi. Todo se logró mediante los sacrificios de evangelistas y pastores respaldados y estimulados por el Dr. Bresee.

En septiembre de 1901, el Dr. Bresee visitó Seattle, Washington, para predicar en una reunión pentecostal celebrada en la iglesia metodista episcopal de la calle Battery que pastoreaba el reverendo H. D. Brown. El avivamiento mostró gran poder y bendición espirituales, y 25 personas se convirtieron o fueron santificadas. Pero el Dr. Bresee comprendió que Seattle necesitaba mucho una Iglesia del Nazareno vigorosa y agresiva que presentara la causa de la santidad en el estado de Washignton y otros estados vecinos.

En ese mismo mes, el reverendo F. A. Hill, miembro de la Primera Iglesia de Los Angeles, predicó en una campaña en Kansas City, Missouri. A los miembros de la iglesia de aquella ciudad se les había advertido que tuvieran cuidado de los que querían "sacarlos del redil", pero los que fueron bautizados con el Espíritu Santo en esa campaña descubrieron que sus iglesias ya no los querían.

El reverendo W. E. Shepard informó en "El mensajero nazareno" sobre el movimiento de santidad en Chicago, y dijo que el fuego del avivamiento se había encendido en diversos barrios de la ciudad. En la esquina de las calles Madison y Halstead, el centro mismo de la metrópoli, se habían rentado un sótano donde cabían entre cuatrocientas y seiscientas personas y donde tenían servicios todas las noches. Esto preparó el camino para una robusta Iglesia del Nazareno en Chicago.

Cuando el reverendo C. W. Ruth terminó un avivamiento en Spokane, Washington, organizó una iglesia con cincuenta miembros fundadores. Esto sucedía en 1902. Al año siguiente, la misma iglesia informó tener ya 190 miembros y estar organizando puntos de predicación en Waterville, Tipso y Garden Springs, Washington. La iglesia contaba con 16 predicadores ordenados y locales, y evangelistas, quienes estaban muy ocupados organizando misiones y puntos de predicación.

En ese mismo año se abrió trabajo en Ocean Park, California, bajo el cuidado pastoral del reverendo Thomas Fluck. Pocos meses antes, la obra de santidad se había establecido con éxito en Salt Lake City, bajo la dirección del reverendo I. G. Martin quien aprovechó una campaña con el reverendo C. W. Ruth como evangelista para organizar formalmente la Iglesia del Nazareno en aquella ciudad.

El reverendo J. A. Dooley y su esposa habían organizado la Primera Misión Pentecostal en Omaha, Nebraska. Cuando oyeron hablar de la Iglesia del Nazareno, hicieron investigaciones y después de mucho orar decidieron unirse a la denominación. Unos meses después, los Dooley se mudaron a Minneapolis, Minnesota y establecieron la iglesia en aquella urbe.

En la primera parte de 1902 los cuáqueros pusieron en manos de los nazarenos un templo y una casa pastoral en Boise, Idaho. El Dr. Bresee celebró allí un corto avivamiento durante el mes de diciembre y un número de personas se convirtieron y fueron santificadas. Entonces se organizó la Iglesia del Nazareno, con el reverendo R. Pierce como pastor. Mientras tanto, en Maple Hills, Illinois, el reverendo J. A. Smith había organizado una floreciente Iglesia del Nazareno, y el reverendo William McFarland había aceptado ser el pastor.

La Asociación Nacional de Santidad celebró su convención anual en mayo de 1904 en la Primera Iglesia del Nazareno de Los Angeles. El Dr. H. C. Morrison, director de "El heraldo pentecostal", y uno de los predicadores en la convención, escribió un artículo titulado "Iglesia del Nazareno", en el cual elogió grandemente la obra realizada por esta joven denominación.

"El crecimiento y el progreso general de esta iglesia son verdaderamente notables. Su existencia se debe a la decidida oposición que existe en algunas iglesias tradicionales contra la doctrina y la experiencia de la entera santificación. La iglesia se organizó hace apenas ocho años y medio. Contaba entonces con sólo alrededor de 100 miembros fundadores, pero... su feligresía ha crecido al punto de que hoy cuenta con más de 1,600 miembros... y miles de almas se han convertido o han recibido su santificación en sus altares."

El Dr. Bresee tuvo un verano muy ocupado en 1904. En julio visitó Howard, Kansas, para unos cultos campestres. Allí, la Iglesia del Nazareno se había organizado recientemente por el ministerio del reverendo Herbert Buffum. Contaba ya con un buen templo y el reverendo H. J. Starkey era su pastor. "Estos nazarenos", dijo el Dr. Bresee, "tenían el celo santo, la unción, y el espíritu de victoria de la iglesia madre de Los Angeles y del pueblo nazareno en general". Oraban, cantaban, testificaban y se expresaban en tal forma que lo hicieron sentirse en casa: en lugares celestiales. Aunque en la población existía un prejuicio muy marcado en contra de la santidad y los nazarenos, hubo muchas almas que fueron salvas y santificadas. El prejuicio se evaporó y algunos obreros de santidad valientes se unieron a la Iglesia del Nazareno.

Después de aquel avivamiento en Howard, el Dr. Bresee fue a Maple Hills, Illinois, para conducir otra campaña. La espiritualidad y el poder en los servicios eran muy profundos, y en el culto de la mañana el último día de la campaña, el altar se llenó con buscadores sinceros. El fuego cayó con grande gloria y todos fueron bautizados con el Espíritu Santo. Durante el servicio de la tarde se concedió una oportundiad para los que desearan unirse a la Iglesia del Nazareno. El evangelista N. E. Golden y otras diecisiete personas fueron recibidas como miembros de la iglesia entre grandes expresiones de alegría y demostraciones de bienvenida de muchos otros felices nazarenos.

En un artículo titulado "Habría de llamarse nazareno", que apareció en "El mensajero nazareno" del 25 de agosto de 1904, el Dr. Bresee afirmó que el nombre "nazareno" se aplicó primeramente a Jesús de Nazaret, pero que en los ocho años anteriores a la aparición del artículo se había estado aplicando a un grupo de cristianos que Dios había levantado con el propósito expreso de promulgar la santidad bíblica por todo el país. "Un nazareno moderno se caracteriza primeramente", dijo él, "porque es una persona redimida que ha alcanzado en oración una experiencia victoriosa de salvación de todos sus pecados y disfruta del testimonio del Espíritu Santo de que verdaderamente es hijo de Dios. En segundo lugar, es una persona santificada quien ha avanzado a la segunda obra de gracia, recibiendo la purificación de su corazón y el bautismo con el Espíritu Santo, quien le da testimonio de esta experiencia. En tercer lugar, es un estudiante asiduo de la Palabra de Dios. En cuarto lugar es un misionero de la Cruz; y en quinto lugar es un fiel y liberal mayordomo de sus entradas, sosteniendo el evangelio con sus diezmos y ofrendas. Un verdadero nazareno es un hijo de Dios feliz, victorioso, triunfante, lleno de alabanzas... Si a alguno no le parece esta clase de salvación, ni le cae bien un nazareno porque posee esta bienaventurada experiencia, reconocemos que tiene derecho a su actitud negativa".

En el otoño de 1904 el Dr. Bresee comenzó una gira por el noroeste de los Estados Unidos. En Sacramento, California, tuvo una junta de varias horas con algunos amigos que opinaban que era el tiempo propicio para la organización de una Iglesia del Nazareno en aquella ciudad. En Spokane, Washington, celebró servicios con magnífica asistencia y un buen número de personas salvadas y santificadas. En Seattle, el Dr. Bresee predicó en un culto de la Asociación de Santidad del Oeste de Washington, y tuvo entrevistas con algunos simpatizadores de la Iglesia del Nazareno.

En los primeros días de 1905, el Dr. Bresee visitó Ashland, Oregon. En el culto del domingo por la tarde, habló sobre la organización, métodos, doctrinas y costumbres de la Iglesia del Nazareno, y refirió cómo el Señor había bendecido a sus ministros y a sus miembros. Invitó a pasar al frente y personalmente firmar el libro de los miembros fundadores a los que desearan unirse con la iglesia. Mientras la congregación cantaba el himno "La iglesia gloriosa", y otros himnos apropiados, cuarenta personas pasaron al frente, fundando así la Primera Iglesia del Nazareno en Ashland, Oregon.

La organización de distritos

Hasta 1904 las iglesias locales se relacionaban estrechamente con la iglesia madre de Los Angeles y enviaban delegados a las asambleas anuales allí. No obstante, las enormes distancias entre muchas de las congregaciones recién organizadas hacían que esa situación fuese cada vez más difícil. En diciembre de 1904, las iglesias de Washington, Oregon,

Montana y Idaho, solicitaron la formación de un distrito para ellas. El Dr. Bresee agrupó a estos estados en el Distrito del Noroeste, y nombró al reverendo H. D. Brown de Seattle como superindente de distrito. El Dr. Bresee presidió la primera asamblea del Distrito del Noroeste, celebrada en Spokane, Washington, el 4 de julio de 1905. Las sesiones duraron dos días con servicios religiosos coronados con grandes derramamientos del Espíritu Santo.

Convencido de que la obra crecería más rápidamente siguiendo este plan, el Dr. Bresee dividió a California en dos distritos: Norte de California (que primero se llamó el Distrito de San Francisco), y Sur de California. Durante el mismo verano y a petición de los representantes de la iglesia de Illinois y otros estados vecinos, aquella parte del país se organizó como el Distrito Central.

El número de distritos organizados, cada vez mayor, señalaba el rápido crecimiento de la iglesia general. Tomemos, por ejemplo, la asamblea del Distrito de San Francisco reunida en Oakland el 6 de marzo de 1906 dirigida por el Dr. Bresee. "Los informes demostraron", dijo el Dr. Bresee, "un excelente nivel de prosperidad en medio de muchas dificultades y circunstancias adversas, adornadas con evidentes demostraciones de la presencia y bendiciones del Señor, con unciones pentecostales y providencias divinas dominantes".

En la asamblea anual del Distrito del Noroeste, el Dr. Bresee declaró: "Toda esta enorme región del noroeste del país está abierta a la obra de santidad de nuestra iglesia."

El trámite de asuntos eclesiásticos

El crecimiento de la Iglesia del Nazareno fue tan rápido y extenso que muy pronto demandó una organización más compleja. En los primeros años se tenían juntas anuales de la iglesia para las congregaciones locales. En 1898 se convocó a una reunión llamada "El Primer Concilio", para aprobar los artículos de fe y las reglas generales. La primera "reunión de delegados oficiales" integrada por delegados de otras congregaciones nazarenas del sur de California, sesionó unos seis meses más tarde; y en octubre de 1889 se tuvo la primera reunión conocida como "Asamblea". Como miembros de la asamblea de 1901, el superintendente general, Bresee anotó a: pastores de iglesias, todos los predicadores ordenados y licenciados que servían bajo nombramiento del superintendente general, dos delegados de cada iglesia que contara con cien o menos miembros, y un delegado por cada 50 miembros adicionales.

Ya para 1904 las delegaciones eran tan numerosas que la Asamblea Anual recibió el título de "Asamblea General". De 1896 a 1906, todas las asambleas anuales se celebraron en Los Angeles, California.

Al rendir su informe ante la Asamblea Anual en Los Angeles, en octubre de 1902, el Dr. Bresee dijo: "Los fuegos del avivamiento han ardido todo el año y muchas almas preciosas han nacido en el reino." Se habían organizado un número de iglesias nuevas y se habían levantado varios edificios. Habían varios evangelistas magníficos, trabajando sin ningún otro interés que la salvación de las almas. La obra de la Iglesia del Nazareno era muy prometedora.

Entre los acuerdos significativos de la Asamblea Anual de 1903, encontramos la organización de una junta misionera y la orden de revisar y ampliar el *Manual*. Además de las breves declaraciones de doctrina y reglas de conducta con que ya se contaba, se puso en claro la posición de la iglesia con respecto a algunos de los grandes asuntos morales, y se hicieron sugestiones prácticas para la administración de los sacramentos y las ordenanzas del culto.

Noventa y nueve delegados acreditados se reunieron para la Asamblea General del 2 de noviembre de 1904. Los informes demostraron que la mayoría de las iglesias habían tenido un año próspero, y que la obra en algunos lugares avanzaba a un paso acelerado. El Dr. Bresee informó que la Casa Nazarena de Publicaciones estaba realizando una obra excelente, y que había obtenido nuevo equipo. Expresó su opinión de que "El mensajero nazareno" podría dejar de requerir subsidio si contara con mil suscriptores más.

Al hablar del crecimiento y del desarrollo de la Iglesia del Nazareno, el Dr. Bresee dijo: "Nuestra corona y gozo son las almas convertidas y santificadas. Conduzcámonos con mucho cuidado delante de Dios... El éxito denominacional no es nuestra meta, sino la salvación y santificación de las almas. Para este fin no sólo hemos estado dispuestos a sufrir, sino que seguimos dispuestos a continuar sufriendo y aun a perderlo todo... Hemos escuchado el llamado del Maestro, y estamos aquí para decir de nuevo 'donde Tú me guíes, seguiré'."

El establecimiento de la obra misionera

Hasta este punto poco se ha dicho sobre el interés de la iglesia en la obra misionera, excepto de las misiones domésticas. Aunque en los primeros años de su historia los nazarenos no estaban en condición financiera de establecer una obra misionera de largo alcance en el extranjero, sin embargo, ya se había iniciado una obra sólida entre la población de habla hispana y china en California.

El Dr. Bresee explicó que la razón por la cual el movimiento nazareno se había lanzado desde el principio a un programa misionero mundial, era que el movimiento en sí era esencialmente misionero. Sus miembros tuvieron que empezar sin nada, comenzando "desde abajo". En todas partes el movimiento era nuevo; en todas partes encontraba fuerte oposición, y por lo general no tenían un céntimo. La iglesia recién nacida estaba sumamente ocupada en obtener la salvación y santificación de la gente, organizar a los miembros en asociaciones, conseguir templos, y establecer lugares desde donde el fuego y la obra de santidad pudieran extenderse. "Y no sería difícil que estas responsabilidades absorbieran gran parte de nuestra atención, tiempo y recursos, todavía por algunos años", observó el Dr. Bresee.

Sin embargo, desde los primeros días hubo algunos nazarenos que anhelaban predicar el evangelio a quienes lo desconocían. En 1897 se estableció una misión entre el pueblo de habla hispana en la calle Mateo de Los Angeles. Inmediatamente después de su santificación, la señora May McReynolds se dedicó a estudiar el castellano para poder predicarles a los habitantes de habla hispana. Tan pronto como le fue posible renunció a su ocupación secular y se dedicó a actividades misioneras. La iglesia la respaldó económicamente y ella estableció una misión en el corazón de Los Angeles. De allí, el trabajo se esparció a otros barrios de la ciudad y por el sur de California, y llegó hasta El Paso, Texas.

Los miembros del comité misionero de la Asamblea de 1903 declararon que la necesidad de estimular al pueblo cristiano a ofrendar no era tan importante como la necesidad de exhortarle a disfrutar la plenitud de más abundantes bendiciones de Dios. Entonces sí, los cristianos estarían dispuestos a contribuir mucho más liberalmente para el extendimiento del evangelio. Esta asamblea eligió una junta misionera que recomendó lo siguiente:

1. Que cada iglesia local nombre o elija un comité misionero del cual el pastor sea presidente.

2. Que las iglesias locales sostengan la obra misionera, separando una décima parte de las entradas regulares de la iglesia y dando además otras ofrendas según sea factible.

3. Que mensualmente todas las iglesias locales celebren reuniones misioneras.

4. Que las sociedades locales envíen sus ofrendas misioneras a través de la Junta General establecida por la Asamblea, y

5. Que se le autorice a la Junta General para establecerse como Sociedad Misionera Doméstica y Extranjera de la Iglesia del Nazareno.

En la primera parte del siguiente año la Junta Misionera Doméstica y Extranjera ordenó que los misioneros, el reverendo George E. Berg y su esposa, que trabajaban en Teethul, Distrito de Sarat, en la India, y recibieran autorización para representar a la Iglesia del Nazareno. También se aprobó que se aceptara al hermano Abraham, un hindú, como evangelista y compañero ministro, y que se asumiera su sostén por todo el año corriente.

Aunque la iglesia no contaba con un método organizado de enviar misioneros, varios jóvenes nazarenos ya habían salido para la India, China, Sudamérica y a trabajar entre los indios de los Estados Unidos.

La preparación de obreros para la iglesia

Conforme la Iglesia del Nazareno fue creciendo, una de las necesidades más urgentes llegó a ser una institución educativa donde pudieran prepararse los jóvenes y señoritas a quienes Dios llamaba para la obra pastoral, misionera o evangelística. Conscientes de esta necesidad, algunos nazarenos ofrecieron sus propiedades para que se establecieran colegios bíblicos. En "El mensajero nazareno" del 31 de julio de 1902, apareció el anuncio de que pronto se establecería una escuela de preparación bíblica bajo los auspicios de la Iglesia del Nazareno. El plan de estudios del "Colegio Bíblico del Pacífico" pondría énfasis especial en la preparación para la ganancia de almas. Los cursos incluirían biblia, historia, literatura cristiana y métodos de servicio cristiano. La escuela no sería denominacional, aunque estaría bajo la dirección de la Iglesia del Nazareno. Su lema sería: "Santidad a Jehová". El primer semestre comenzó el 29 de septiembre de 1902 con el Dr. Bresee como director y el reverendo C. W. Ruth como subdirector.

Desde el principio las bendiciones de Dios se dejaron sentir sobre la institución. En 1904 el Dr. Bresee informó que el colegio había sido grandemente bendecido con derramamientos del Espíritu Santo, y que con frecuencia los períodos de clase eran en realidad antesalas del cielo. Los primeros graduandos recibieron sus diplomas en 1905 y tomaron sus lugares como obreros laicos en iglesias locales, pastores de iglesias y misiones, y algunos como misioneros a China y Sudamérica.

En 1906, el señor Jackson Deets y su esposa donaron una hermosa propiedad de 4 hectáreas cerca de Los Angeles. En su honor, a la nueva institución se le llamó "Colegio Bíblico Deets del Pacífico".

Once años no constituyen un período de tiempo muy largo para una iglesia, sin embargo, estos años abundan en victorias espirituales ganadas por los hombres y las mujeres llenos del Espíritu que predicaban el evangelio de la salvación plena. Los avivamientos dinámicos y los cultos bajo la unción del Espíritu incrementaban el número de las iglesias, al grado que en varios estados ascendieron de una iglesia local a cuarenta y cinco. La feligresía aumentó de 135 a 3,385 y el valor de las propiedades de la iglesia subió a $183,000 dólares. Las contribuciones para la obra misionera en el año eclesiástico que terminó en octubre de 1906, fueron $4,017 dólares. La iglesia poseía ya una casa de publicaciones y publicaba una revista semanal oficial con una creciente lista de susbscriptores. Frecuentemente se agregaban nuevas organizaciones de la iglesia, nuevos templos, y se contaba ya con un colegio establecido.

El Dr. Bresee y sus colaboradores habían desarrollado un sistema de organización y gobierno de iglesia que estaba demostrando ser sólido, tanto en los Estados Unidos como en otros países.

El espíritu de abrir nuevos campos y la ambición espiritual de "poseer la tierra" para la causa de la santidad, llevó al pueblo de santidad a realizar sacrificios casi increíbles, pero también a obtener frutos casi sobrenaturales.

CAPÍTULO 4

PRINCIPIOS EN EL ESTE NORTEAMERICANO

Precisamente durante los mismos años en que la Iglesia del Nazareno desarrollaba su organización y proclamaba la doctrina de santidad bíblica en las regiones del oeste norteamericano, en el este ocurría algo muy semejante. En verdad, los esfuerzos organizados para promover la santidad se iniciaron en el este antes que en el oeste o en el sur.

En 1887, el reverendo F. A. Hillery, presidente de la Asociación de South Providence para el Fomento de la Santidad, organizó la Iglesia Evangélica del Pueblo. Se anunció que su propósito era rendir culto al Todopoderoso según las doctrinas de la Biblia conforme las enseñaba Juan Wesley, y según se anotaban en la constitución de la nueva organización registrada ante el estado de Rhode Island. Partiendo de estos principios, la obra de la promoción de la santidad avanzó hacia otras regiones del este.

Los principios de la Iglesia Evangélica del Pueblo
Tanto la Asociación de South Providence para el Fomento de la Santidad, como la Iglesia Evangélica del Pueblo, resultaron por la oposición contra la doctrina y la experiencia de santidad desplegada en la Iglesia Metodista Episcopal, San Pablo de South Providence, donde en 1881 se había encendido un avivamiento de santidad. Cuando los pastores de la congregación incitaron a los opositores, la iglesia se dividió

en dos bandos: uno en favor de la santidad, y el otro en contra de ella.

En pocos días ciertos maestros de escuela dominical que profesaban la experiencia de la santidad fueron arbitrariamente suspendidos, y reemplazados por maestros que se oponían a esa doctrina; además, se tomaron otras medidas injustas contra los fieles que buscaban la santidad, y se hizo claro que sería inútil que los feligreses inclinados a la doctrina y la experiencia de la santidad permanecieran en aquella congregación. Por lo tanto, 25 miembros se separaron, y 50 más los siguieron poco tiempo después.

Fue entonces cuando algunos de los interesados en organizar una iglesia de santidad se reunieron y nombraron un comité que preparara un convenio, un credo y un sistema. Después de prolongado estudio el comité adoptó una declaración doctrinal y una forma de gobierno eclesiástico.

El 15 de junio se reunieron alrededor de 40 personas para considerar la posible organización permanente de una iglesia separada. Adoptaron el nombre de "Iglesia Evangélica del Pueblo", y se dio la oportunidad para que quienes desearan formar parte del grupo firmaran el credo y el acta de fundación.

En reuniones subsecuentes se adoptaron reglas de gobierno y una constitución para la escuela dominical. Cuando se eligieron los oficiales de la iglesia y los comités necesarios, se escogió al reverendo F. A. Hillery como "presidente" de la iglesia. La organización de la Iglesia Evangélica del Pueblo quedó finiquitada el 21 de julio de 1887 en Providence, Rhode Island. La nueva iglesia recibió por traslado las propiedades y las responsabilidades de "la Asociación de South Providence para el Fomento de la Santidad".

Los once artículos de fe adoptados incluían la posición ortodoxa de la iglesia evangélica general sobre las doctrinas fundamentales de la Trinidad, la autoridad de las Escrituras, la caída del hombre, la deidad y expiación de Jesucristo, la justificación por la fe, los sacramentos del bautismo y la Santa Comunión, la observancia del día de reposo cristiano, la segunda venida de Cristo, la resurrección de los muertos, la recompensa de los justos, y el castigo eterno de los perdidos. El postulado distintivo era el de la entera santificación, que leía así:

> Creemos que la entera santificación es aquel acto del Espíritu Santo por el cual el alma justificada es librada del pecado innato y purificada de corazón; que se puede recibir ahora por la fe sola, capacitando al creyente para amar a Dios con todo el corazón, la mente, el alma y las fuerzas, lo que implica que ninguna disposición de carácter (esto es, una disposición contraria al amor) queda en el alma; que todos los pensamientos, palabras y hechos son gobernados por el amor puro; que la entera santificación no excluye la ignorancia o los errores, una transgresión involuntaria de algún precepto divino desconocido.

Los primeros servicios de la Iglesia Evangélica del Pueblo se celebraron el domingo 24 de julio de 1887. La iglesia contaba con 51 fieles, todos los cuales creían en la doctrina de la santidad, y muchos de ellos la disfrutaban. En febrero de 1888, la iglesia se incorporó conforme a las leyes del estado de Rhode Island.

En septiembre de 1888, el reverendo F. A. Hillery inició la publicación de una revista religiosa mensual llamada "Beulah Items". Allí declaró que la misión de la Iglesia Evangélica del Pueblo era proclamar la santidad bíblica. Insistió en que, desde el tiempo cuando Juan Wesley comenzó a enseñar la santidad, había sido la doctrina de la Iglesia Metodista, y que los sermones de Wesley, los himnos de la Iglesia Metodista y las más grandes luminarias en los anales del metodismo eran testigos del poder santificador de Cristo.

Hubo muchos que prefirieron ser perseguidos y penosamente expulsados de sus iglesias antes que renunciar a la experiencia y la enseñanza de una verdad tan cargada de consuelo y seguridad espirituales. Otros líderes de santidad prominentes en sus propias denominaciones, y leales a sus iglesias, se declararon en contra de lo que calificaban de "espíritu separatista". Preferían ellos la organización de bandas y asociaciones para el fomento de la causa de la santidad.

Se forma la Asociación Central Evangélica de Santidad

Como consecuencia del crecimiento rápido del movimiento, con mucha frecuencia comenzaron a organizarse iglesias independientes de santidad en el extremo este del país conocido como Nueva Inglaterra. Una evidencia del espíritu de cooperación y compañerismo entre las congregaciones de santidad de aquella región, es la reunión que un grupo de iglesias evangélicas tuvo en la Iglesia Evangélica del Pueblo en Providence, Rhode Island, el 15 de mayo de 1889, para la ordenación de F. A. Hillery como ministro del evangelio. Menos de dos semanas después, la Iglesia Evangélica del Pueblo envió delegados a un Concilio de Unión con la Iglesia Independiente de Lynn, Massachusetts.

Este movimiento de unión de las diversas misiones, iglesias y asociaciones continuó cobrando ímpetu. El 13 de marzo de 1889, se reunieron en Rock, Massachusetts, los delegados y representantes de 6 iglesias y asociaciones de santidad. Como resultado de esta reunión se organizó la

Asociación Central Evangélica de Santidad con el reverendo W. C. Ryder, presidente, y el reverendo F. A. Hillery, vicepresidente. La base de esta unión era la doctrina de la entera santificación por la fe, subsecuente a la conversión.

El 25 de marzo de 1891 se llevó a cabo la primera reunión anual de la Asociación Central Evangélica de Santidad en la misión de Lynn, Massachusetts. Además de delegados de los seis grupos originales, hubo representantes de otras dos iglesias. Los informes mostraron que las iglesias habían sido singularmente bendecidas con la conversión y la santificación de las almas.

Las reuniones anuales de negocios

Cuando, el 29 de marzo de 1892 se celebró la segunda reunión anual de la Asociación Central Evangélica de Santidad en Malden, Massachusetts, los informes describieron al año pasado como uno de progreso y que prometía consecuencias halagadoras para el futuro. Los cultos de altar después de las predicaciones se dintinguieron por el fuego santo, y por las muchas almas gloriosamente salvadas y santificadas.

El objeto de la Asociación era conservar y llevar adelante una obra agresiva de santidad por medio de la acción unida. La Asociación se componía de representantes de las asociaciones, iglesias y bandas de santidad, además de los ministros y evangelistas dedicados a la causa de esta doctrina. En el período entre las reuniones anuales, un comité ejecutivo tenía la supervisión general de la obra en la capacidad de asesor.

En 1892, la revista mensual publicada por F. A. Hillery se unió con la publicación "El cristiano bíblico", un periódico sin lazos denominacionales, dirigido y publicado para la proclamación de la santidad bíblica, por el reverendo E. N. Pike, de Exeter, New Hampshire. El nombre de la nueva publicación era "El cristiano de beula". El primer número apareció en mayo de 1892.

Todas las iglesias que habían presentado informe el año anterior enviaron delegados a la tercera reunión anual de la Asociación, y además llegaron delegados de la Misión del Pueblo en Central Falls, Rhode Island, y de la Asociación de Santidad de Chelsea, en Chelsea, Massachusetts. La convención se dedicó a cultos devocionales y sesiones de negocios. No se hicieron cambios notables en la organización ni en la doctrina.

Cuando sesionó la cuarta reunión anual el 28 de marzo de 1894, en la Iglesia Evangélica del Pueblo, en Providence, Rhode Island, dos nuevas organizaciones se habían adherido a la Asociación: la Iglesia Evangélica Libre del Pueblo, de West Mansfield, Massachusetts, y la Liga de Santidad de Norwich, de Norwich, Connecticut. Los informes demostraron aumentos en la membresía, en la asistencia a la escuela dominical, y en el valor de las propiedades. La iglesia de la Misión Emanuel, en North Attleboro, Massachusetts, tenía ya siete misioneros en otros países —dos en India, dos en Jamaica, y tres en St. Kitts, Indias Occidentales.

La Misión de Lynn, Massachusetts, bajo la dirección del reverendo C. H. Davis había establecido una misión de rescate llamada "Betesda" (casa de misericordia). El propósito de esta misión de rescate era "redimir a las mujeres caídas, levantándolas de la degradación y protegiéndolas con la influencia de un ambiente santo y agradable".

La reunión anual de 1895 desplegó señales evidentes de un espíritu fervoroso de cooperación en el programa misionero de la Asociación. La Misión de Malden, Massachusetts, informó que el reverendo Donald J. McDonald había partido para la India para iniciar trabajo misionero.

Con la multiplicación de bandas y asociaciones para el fomento de la causa de la santidad cristiana, el movimiento de santidad en la Nueva Inglaterra se difundía más y más. Un caso típico era la Asociación de Santidad de Quinebaug, cuya exhortación decía: "Tomemos todos nuestro lugar al pie de la cruz y bajo la sangre; y guiados por la Palabra y el Espíritu, teniendo por lema 'Santidad al Señor; avancemos en la obra'. No para promover un dogma, sino para salvar a la gente de todo pecado, y llenarla con el Espíritu Santo. Esa es nuestra única y constante meta."

Se ventilan cuestiones morales y religiosas

La actitud del pueblo de santidad en la última parte del siglo XIX quedó explícitamente declarada en las publicaciones religiosas impresas por ellos. Los directores de "El cristiano de beula" recibían y discutían abiertamente en sus páginas toda clase de preguntas referentes a las recreaciones y diversiones mundanas, el uso de bebidas alcohólicas y el tabaco, la ordenación de mujeres al ministerio, la guarda del día de reposo y "la tercera bendición".

Alguien escribió a la revista diciendo: "¿Producen algún beneficio el baile, los juegos de naipes, y otra clase de diversiones semejantes? Yo contesto decididamente que no. ¿Son perjudiciales? Sí; destruyen el carácter y la influencia cristianos. Producen la muerte de la vida espiritual."

En el mismo número, otro corresponsal expresaba su opinión sobre las diversiones mundanas. "¿Quién se atrevería a afirmar que el Espíritu Santo lo estimuló a ir al teatro, o a ocuparse de cualesquiera de las diversiones mundanas antes mencionadas?" Afirmaba que el cristiano que se ocupa de tales recreaciones destruye su interés en la Palabra de Dios y en los asuntos espirituales. El pueblo de santidad tomaba una posición definida. Se oponía a las bebidas alcohólicas en cualquier forma y cantidad, y también condenaba el tabaco como un hábito inútil, inmundo y ofensivo, perjudicial para la salud, y por tanto condenado por las Sagradas Escrituras.

Un asunto que produjo mucha oposición al movimiento de santidad fue el de permitir que las mujeres predicaran. La Asociación Central Evangélica de Santidad evidentemente estaba de acuerdo con esa costumbre. En un artículo que apareció en julio de 1893 en "El cristiano de beula", se informaba que en una sesión de la Conferencia Wesleyana de Nueva York, dos piadosas damas, la señorita Lucy M. Dews y la señora E. A. Runnion, recibieron las sagradas órdenes para predicar el evangelio, y les fue concedida autoridad para todos los privilegios y responsabilidades del ministerio.

En el asunto de la observancia del día de reposo y el de la reverencia y santidad de la iglesia, todos los miembros de la Asociación compartían la misma convicción. En un artículo publicado sobre "El Día de Reposo y el Santuario", el reverendo F. A. Hillery observó lo siguiente: "Dios requiere para su gloria y para el bien del hombre que cuando menos un día de cada siete se dedique enteramente a El... 'Guardaréis mis sábados y mi santuario.' Así como el día de reposo es separado y distinto de los demás días, la casa de Dios debe ser separada y distinta de los demás edificios."

El movimiento de santidad se componía de dos grupos. Un grupo creía que la entera santificación (una segunda obra de gracia) es una experiencia mediante la cual el creyente regenerado, cuando se consagra y tiene fe, es purificado de todo pecado (la mente carnal) por la sangre de

Jesucristo, y bautizado con el Espíritu Santo. El otro grupo enseñaba que el creyente es purificado de todo pecado en la experiencia de la entera santificación, pero que como una "tercera bendición" recibía el bautismo del Espíritu Santo, probándolo con la evidencia de "hablar en lenguas desconocidas". Los grupos de santidad que más tarde llegaron a formar parte de la Iglesia del Nazareno, nunca creyeron ni practicaron el hablar en lenguas desconocidas.

La organización de iglesias de santidad en Brooklyn

Al mismo tiempo que la Asociación Central Evangélica de Santidad se establecía en Massachusetts y Rhode Island, un número de iglesias de santidad estaban organizándose en Nueva York. Tres de ellas, todas en Brooklyn, se unieron el 12 de diciembre de 1895 para formar la Asociación de Iglesias Pentecostales de Norteamérica. El reverendo William Howard Hoople fue el fundador de este pequeño movimiento destinado a realizar una enorme obra.

Durante 1893, el reverendo W. H. Hoople asistió a ciertas reuniones de santidad celebradas en hogares particulares en Brooklyn, donde los presentes adoraron a Dios "en toda la libertad del Espíritu". Creyendo que Dios le estaba dirigiendo a proveer un lugar donde el pueblo santificado pudiera cantar y expresarse con toda libertad, rentó una bodega, la arregló adecuadamente y el primer día de 1894 comenzó a celebrar servicios. Tres días más tarde el reverendo Hoople organizó una misión independiente de santidad y fue elegido superintendente de ella. El reverendo John Norberry aceptó el llamamiento a ayudar en el trabajo y lo hizo hasta que se abrió otra misión en Brooklyn.

La feligresía y asistencia a la misión aumentaron tan rápidamente que fue necesario obtener un lugar más amplio y adecuado. Un día, mientras los hermanos W. H. Hoople, John Norberry y Richard Ryans caminaban por la Avenida Utica, observaron un terreno baldío. Los tres se arrodillaron allí y oraron con la convicción de que este debería ser el sitio para la nueva iglesia. El reverendo Hoople obtuvo el dinero prestado, compró la propiedad, y levantó un sencillo templo.

A pesar de que carecía de hermosas líneas arquitectónicas, aquel santuario contenía un espíritu de adoración mayor que el que podía encontrarse en muchas magníficas iglesias. El entusiasmo espiritual sobresaliente atraía tales multitudes que con frecuencia la gente no cabía y tenía que regresar a sus hogares. La feligresía aumentó rápidamente, e incontables vidas fueron transformadas.

El 16 de mayo de 1894, en el templo de la Avenida Utica se organizó una nueva iglesia conocida como el Tabernáculo Pentecostal de la Avenida Utica (que más tarde se llamó la Iglesia Pentecostal de la Avenida Utica). Los miembros fundadores eran treinta y dos, quienes escogieron al reverendo W. H. Hoople como pastor. Bajo su dinámica dirección espiritual, la congregación se propuso sostener la doctrina de una salvación gratuita y plena, y abogar por ella con métodos apostólicos y sencillos.

Durante la celebración del decimocuarto aniversario de la Iglesia Pentecostal de la Avenida Utica, alguien expresó esta opinión sobre su influencia: "Esta iglesia local ha sido un foco desde el cual la doctrina de la santidad ha refulgido hasta los últimos rincones del mundo. Algunos de los miembros más santos del movimiento de santidad han estado asociados con esta congregación."

Menos de un año después de la organización de la iglesia en la Avenida Utica, el reverendo John Norberry se convenció de que urgía abrir obra de santidad en otra parte de Brooklyn. Con la ayuda del reverendo Hoople y del señor Charles BeVier encontraron un templo abandonado que alquilaron por $1,000 dólares anuales. La iglesia inició sus actividades el primero de febrero de 1895 con un día entero de cultos. Los servicios evangelísticos continuaron por dos meses. El 24 de febrero la congregación se organizó como el Tabernáculo Pentecostal de la Avenida Bedford. Contaba con veinte miembros fundadores y con el reverendo John Norberry como su pastor. Dios bendijo esta obra a tal punto que para enero de 1897 la feligresía en pleno llegaba a más de 130.

Durante la primavera de 1895, el reverendo Hoople consiguió otro templo abandonado en una sección distinta de la ciudad y comenzó a celebrar servicios en él. El primer lunes de septiembre de ese año se organizó la tercera iglesia de santidad en Brooklyn, llamada el Tabernáculo Pentecostal Emmanuel, con una lista de veinte miembros. El pastor era el reverendo Fred W. Sloat.

Se organiza la Asociación de Iglesias Pentecostales

Los dirigentes de la obra de santidad en Brooklyn estaban convencidos de que su causa avanzaría más rápidamente si lograban una cooperación más estrecha. Por esa razón los delegados de las tres iglesias organizadas se reunieron en el Tabernáculo Pentecostal de la Avenida Utica el 12 de diciembre de 1895 y organizaron la Asociación de Iglesias Pentecostales de Norteamérica. El propósito de esta Asociación sería proveer un plan para llevar adelante la causa de la santidad bíblica por todo el mundo. El artículo que lo distinguía era la doctrina de la entera santificación:

Creemos que la entera santificación es aquella obra de la gracia de Dios por la cual somos hechos santos, purificados de todo pecado, amamos a Dios con todo el corazón, y somos bautizados con el Espíritu Santo; que es una obra instantánea, recibida por la fe subsecuentemente a la conversión, y de la cual el Espíritu Santo nos da testimonio; que no es imputada, sino realizada en el alma del creyente.

La persona que deseaba ser aceptada como miembro de la iglesia prometía que daría prioridad al evangelio sobre todas las organizaciones de origen humano; procuraría honrar a Dios por la pureza de su corazón, la novedad de su vida, y su buena voluntad hacia todos los hombres, ganando almas para Cristo y sosteniéndose firme en la fe hasta que el Señor viniera y lo recibiera.

Las iglesias locales adoptaron el sistema congregacional de gobierno, conservando para sí mismas el derecho y la autoridad para examinar y ordenar pastores. La relación entre las iglesias que integraban la Asociación era de un lazo de cooperación, puesto que cada congregación local era independiente. La Asociación sostendría una reunión anual integrada por el pastor y los mensajeros electos de las varias iglesias.

En la primera reunión anual de la Asociación de Iglesias Pentecostales de Norteamérica, se nombró un comité de unión, compuesto de los señores W. H. Hoople y O. J. Copeland, para buscar la unión con otros cuerpos de santidad.

La unificación de iglesias de santidad en el este

En respuesta a la correspondencia recibida sobre el asunto de una posible unión, la Asociación Central Evangélica que se reunió en Rock, Massachusetts, el 15 y 16 de abril de

1896, nombró a W. C. Ryder, F. A. Hillery y a F. L. Sprague para que escribieran una carta fraternal a la Asociación de Iglesias Pentecostales de Norteamérica, invitándola a cooperar con su Asociación en la consecución de la obra de santidad. En noviembre los comités de ambos grupos se reunieron en Brooklyn con el propósito de estrechar las relaciones y la unión entre las dos organizaciones.

Después de pasar un buen tiempo en oración, F. L. Sprague fue electo moderador y F. A. Hillery, secretario. Se leyeron los artículos de fe y práctica sostenidos por la Asociación de Iglesias Pentecostales y después de alguna discusión, se aceptaron unánimemente.

Por la tarde, se nombraron a los señores F. A. Hillery, W. E. Hoople y H. F. Reynolds para arreglar un resumen de doctrinas y estatutos como bases de la unión. Se adoptó la pu-blicación, "El cristiano de beula" como el periódico oficial de la Asociación y se formularon planes para organizar una compañía de publicaciones.

Al día siguiente, después de haberse llevado a cabo algunas enmiendas, se aceptaron la constitución y doctrinas de la Asociación de Iglesias Pentecostales de Norteamérica como las bases para la unión. Se acordó presentarlas a las diferentes iglesias independientes de santidad para su aceptación. Al tercer día, el comité combinado de la unión votó que "cualquier ministro o evangelista que ahora forme parte de este comité, organizará iglesias pentecostales sujetas al *Manual*, sugeridas por el comité responsable de la emisión del mismo *Manual*; tales iglesias estarán sujetas a cualquier cambio sugerido por la forma permanente de artículos, estatutos y del *Manual*". El comité combinado de la unión también recomendó que el comité del *Manual* incorporara algún sistema de membresía a prueba. Después de mucho orar y deliberar, se adoptaron unánimemente la constitución, el resumen de doctrinas y las condiciones para membresía.

El 13 de abril de 1897, la segunda reunión anual de la Asociación de Iglesias Pentecostales de Norteamérica se reunió en la Misión de Lynn, Massachusetts. Fue en esta ocasión cuando se complementó la unión de las dos asociaciones. Se eligió para moderador al reverendo O. J. Copeland, y secretario al reverendo F. A. Hillery. Por unanimidad se aceptaron la declaración de introducción para la membresía y el orden de negocios preparado por el comité sobre constitución y estatutos.

En poco tiempo se obtuvieron los certificados de aprobación y endoso de la constitución revisada y del reglamento interior de las iglesias de Lynn, Cliftondale y North Attleboro, Massachusetts; de Keene, New Hampshire; de Brook Valley, Sag Harbor, Hopewell, Clintondale y las cuatro en Brooklyn, Nueva York; y de North Scituate y Bristol, Rhode Island.

El sostén de la obra misionera doméstica y extranjera

Una característica del movimiento eclesiástico recién organizado fue su visión y celo misioneros. Los miembros de la Asociación acordaron que como individuos contribuirían voluntariamente de sus medios materiales, según Dios los prosperara, para el sostén de un ministerio fiel entre ellos, para el alivio de las necesidades entre los pobres y para la expansión del evangelio por toda la tierra.

El primer comité misionero se organizó durante una reunión especial de la Asociación de Iglesias Pentecostales de Norteamérica, en diciembre de 1895. Este comité lo formaban tres pastores y tres laicos, y una mujer de cada iglesia nombrada para servir como ayudantes del mismo. El 15 de octubre de 1896, el comité obtuvo los servicios del reverendo H. F. Reynolds como secretario misionero y evangelista.

Hacía poco que alguien había enviado cien dólares como contribución para el sostenimiento de un misionero en Africa. En enero de 1897, el comité misionero arregló que el reverendo M. D. Wood, quien ya había servido por cuatro años en la India, prestara sus servicios en lo futuro como misionero bajo las Iglesias Pentecostales de Norteamérica.

Diez iglesias más ingresaron a la Asociación durante su tercera reunión anual. En un sermón misionero predicado en esa ocasión, el Dr. E. M. Levy, de Filadelfia, recalcó que la responsabilidad de llevar el evangelio a todo el mundo era tarea obligatoria para la iglesia cristiana.

El comité misionero informó que el 28 de junio había llamado a la señorita Carrie E. Taylor como misionera a la India, y había decidido enviar cuatro misioneros a aquel país.

"¡Esta es la mejor reunión anual que hemos tenido!" dijeron muchos de los presentes en la cuarta reunión anual, celebrada en la Iglesia Pentecostal del Pueblo en Providence, Rhode Island, en 1899. Durante ese año algunas iglesias en Pittsburgh, Pennsylvania, y Saratoga Springs, Nueva York, habían ingresado a la Asociación y también se había organizado una misión pentecostal en Greenwich Point, Long Island. El comité misionero exhortó a todas las iglesias a cultivar el espíritu misionero. El reverendo W. H. Hoople declaró la urgente necesidad de que se incrementara la circulación de "El cristiano de beula". El reverendo H. B. Hosley habló fervorosamente sobre el plan bíblico del diezmo, sobre todo, en su relación al aumento de fondos misioneros.

Y la obra de la Asociación continuaba creciendo. En ocasión de su quinta reunión anual se agregaron iglesias de los Estados de Nueva Inglaterra; una en Allentown, Pennsylvania, y otra bastante lejana en Hazleton, Iowa. También creció la obra misionera en países extranjeros. El superintendente M. W. Wood, residente en Buldana, Berar, India, informó un aumento de jóvenes y señoritas en la escuela de la misión. El comité misionero envió más misioneros al extranjero, y algunos de ellos bajo el entendimiento de que tendrían que proveerse su propio sostén.

En 1900, el reverendo H. F. Reynolds, secretario misionero, dividió la obra en tres distritos, nombrando un secretario asistente para supervisar cada uno de ellos. Conforme crecía la obra, se volvía más necesario dividir la responsabilidad en la obra doméstica y extranjera. Fue así que en 1903 se eligió a H. F. Reynolds como secretario de misiones extranjeras, y a C. H. Davis como secretario de misiones domésticas. El comité misionero abrió obra en Brava, islas del Cabo Verde, enviando al reverendo Juan José Díaz para que sirviera a aquel pueblo de habla portuguesa.

En 1904, la novena reunión anual colectó dinero para la continuación del trabajo doméstico y de las misiones extranjeras, incluyendo el envío de varios nuevos misioneros a la India. Dos años más tarde el reverendo L. S. Tracy recibió el nombramiento de encargado general de la obra en Buldana, India.

Los informes anuales narran que la primera Sociedad Auxiliar Misionera Femenil de las Iglesias Pentecostales de Norteamérica se organizó el 16 de abril de 1899. Para 1906 ya existían 18 sociedades auxiliares con 400 miembros. Estas sociedades auxiliares distribuían literatura misionera y levantaban fondos adicionales.

Muy pronto dos recias personalidades comenzaron a sobresalir en el programa misionero extranjero de las iglesias pentecostales: la señora S. N. Fitkin, quien llegó a ser presidenta general de la Sociedad Misionera Femenil, y el Dr. H. F. Reynolds, quien llegó a ser superintendente general de la Iglesia del Nazareno, y a quien se recuerda preeminentemente como el superintendente misionero y "el mayor misionero de todos". Aunque pequeña en números, y con grandes esfuerzos, la Asociación inició y llevó adelante un programa misionero gigantesco.

El programa de educación cristiana
Al acendrado deseo de preparar ministros y misioneros para servir a la humanidad y a la iglesia, se aunó pronto un deseo similar de proveer una educación amplia en un ambiente cristiano. El programa educativo de las Iglesias Pentecostales de Norteamérica se principió por iniciativa del reverendo H. F. Reynolds, durante la cuarta reunión anual en 1899. Se organizó un comité de educación que estudiaría la posibilidad de establecer escuelas pentecostales, de preparar cursos de estudio para predicadores, misioneros y evangelistas, y de afrontar otras necesidades e intereses semejantes.

En el curso del siguiente año, este comité recomendó el establecimiento de escuelas pentecostales y la adopción de un curso de estudios para predicadores. La reunión anual de 1900 aprobó la recomendación, y el 25 de septiembre del mismo año se estableció el Colegio Pentecostal y Escuela Bíblica de Preparación, en Saratoga Springs, Nueva York. Su director era el reverendo W. H. Arbrecht, ayudado por cinco profesores. La escuela comenzó con cuarenta y un alumnos.

El comité recomendó, en abril de 1901, que se construyera un edificio para el Colegio Pentecostal a un costo que no pasara de veinte mil dólares, con la condición de que primero se recogieran diez mil dólares. En la reunión anual de 1902, el reverendo L. C. Pettit, director del plantel, informó que el número de maestros había aumentado a catorce, y que la inscripción se había casi doblado. El edificio de la escuela, incluyendo el mobiliario, se había adquirido a un costo de $16,500 dólares. La administración propuso que la escuela fuera no sólo un colegio de santidad, sino una escuela santa, dedicada a extender la santidad bíblica por todo el mundo.

Durante la reunión anual de 1902, el comité de educación decidió vender el colegio, conocido ahora como el Instituto Pentecostal Colegiado, para mudarlo a North Scituate, Rhode Island. En julio de 1903, la señora Estela Adelia Reynolds tuvo el honor de ser la primera persona que se graduara del Instituto Pentecostal Colegiado. Ella fue hija del secretario de Misiones Extranjeras, H. F. Reynolds.

Durante los cuatro años siguientes, la institución tropezó con innumerables dificultades para conseguir ayuda económica, facultad y estudiantes; pero, para 1907, la inscripción ya había alcanzado 84 alumnos, venciendo así las dificultades ocasionadas por el cambio de localidad.

Un resumen de la obra hasta 1907

El avance de la obra de santidad en el este norteamericano se ve claramente por los progresos obtenidos por la Asociación de Iglesias Pentecostales de Norteamérica. Para abril de 1907, esta Asociación contaba con 48 iglesias establecidas, las cuales tenían 2,313 miembros y propiedades con un monto total de $165,000 dólares; tenían 45 escuelas dominicales con una matrícula de 2,632; sostenían cuatro campos misioneros: tres en India y uno en las islas del Cabo Verde. Durante el año eclesiástico 1906-1907, enviaron más de cuatro mil dólares para las misiones. La preparación de obreros para los campos domésticos y extranjeros, en el Instituto Pentecostal Colegiado, aumentaba rápidamente la eficacia del liderismo de las Iglesias Pentecostales de Norteamérica.

CAPÍTULO 5

PRINCIPIOS EN EL SUR

La formación de las iglesias de santidad en el sur de los Estados Unidos siguió la misma norma de lo acontecido en el oeste y en el este. Tres grupos principales surgieron: La Iglesia de Cristo del Nuevo Testamento, la Iglesia Independiente de Santidad, y la Misión Pentecostal. Siendo de doctrina, gobierno y espíritu similares, fue muy fácil para las dos primeras entrar en una base de unificación, la cual consumaron en Pilot Point, Texas, en 1905.

Organización de la Iglesia de Cristo del Nuevo Testamento
A semejanza de otras iglesias de santidad, la Iglesia de Cristo del Nuevo Testamento debió su formación a la profunda convicción de que los cristianos deberían regresar a la pureza, la simplicidad y el poder que caracterizaron a la iglesia del Nuevo Testamento. Una iglesia así, necesariamente debería enseñar dos experiencias de gracia divina e insistir en elevadas normas morales y éticas de vida diaria. Entre los que sostenían esta convicción se encontraba el reverendo R. L. Harris. Este "predicador rural" estaba convencido de que Dios le había dado la misión de realizar un esfuerzo definido y desesperado por conducir a cuanta gente le fuera posible a "la fe que ha sido una vez dada a los santos".

En julio de 1893, el pastor bautista R. B. Mitchum y su esposa, de Milauyn, Tennessee, invitaron al reverendo R. L.

Harris a dirigir un "avivamiento de santidad". Cuando terminó la primera semana del avivamiento, la enorme carpa no era suficiente para la multitud que se reunía. En el diario del sábado, el pastor de la iglesia bautista local anunció que el domingo en la mañana predicaría sobre el tema: "Errores de la santidad moderna." El reverendo Harris despidió temprano a la congregación para que todos fueran a escuchar ese sermón. Pero en la carpa, por la noche, el reverendo Harris contestó el ataque a la santidad, citando la Biblia por libro, capítulo y versículo, y probando cada una de sus afirmaciones e insistiendo en que los presentes comprobaran las citas bíblicas por sí mismos.

El reverendo Mitchum desafió entonces al reverendo Harris a un debate público, pero al llegar la hora, el reverendo J. N. Hall, un prominente polemista bautista ocupó el lugar del reverendo Mitchum, el pastor bautista local. En sus observaciones introductorias el reverendo Hall anunció que "había venido a despellejar vivo al predicador de santidad", pero cuando el debate terminaba, se le notó vacilar mucho. En sus últimas palabras, el reverendo Harris dijo que deseaba que el auditorio le echara una buena mirada al hombre que había sido "despellejado" por el reverendo Hall. Este debate produjo una profunda impresión sobre muchos de los presentes, y gran parte de la concurrencia se dio cuenta de que el reverendo Harris, predicador de santidad estaba en lo correcto.

En mayo de 1894 se inició un avivamiento que duró casi por tres meses. Ya para terminar aquella campaña, el reverendo R. L. Harris predicó siete sermones sobre la doctrina y el gobierno de la iglesia neotestamentaria, explicando que no era un cuerpo legislativo, sino ejecutivo, formado por los que habían "nacido del Espíritu". Los deberes de los obispos o ancianos de la iglesia eran predicar el evangelio y administrar los sacramentos. Los diáconos eran elegidos por la congregación para cuidar de las necesidades seculares de la iglesia. Citó asimismo ejemplos del Nuevo Testamento donde las mujeres ejercían su derecho a predicar el evangelio, y llevaban a cabo otros deberes oficiales en la congregación.

Los creyentes que habían nacido del Espíritu debían procurar su santificación o su bautismo con el Espíritu como una segunda obra de gracia. El sostenía que el modo bíblico de bautismo con agua era por efusión, pero la iglesia modificó esta posición más tarde aceptando en su feligresía a personas que habían sido bautizadas por rociamiento, efusión o inmersión. Enseñaba que en los tiempos del Nuevo Testamento el gobierno de la iglesia local era congregacional. Se consideraban pecaminosas las diversiones mundanas y se censuraba la extravagancia en el vestido y en el uso de las joyas; se juzgaba como anticristiano el uso del opio, la morfina, el tabaco y las bebidas alcohólicas. Los cristianos debían contribuir para el sostén del evangelio y para el auxilio de los menesterosos.

Durante aproximadamente cinco años, el reverendo R. L. Harris había sentido que Dios deseaba que él estableciera una congregación donde el pueblo de santidad pudiera tener un hogar espiritual y recibir instrucción bíblica en el cristianismo neotestamentario. En el último servicio de aquel avivamiento invitó a todos los que desearan, y que reunieran las condiciones en cuanto a las creencias y normas requeridas, a pasar al frente y aceptar ser miembros de una congregación llamada la Iglesia de Cristo del Nuevo Testamento. Catorce personas respondieron y la primera congregación de la Iglesia de Cristo del

Nuevo Testamento se organizó el 9 de julio de 1894 en Milan, Tennessee.

El reverendo Harris falleció el 26 de noviembre de 1894. Muchos pensaron que desaparecería la obra que él había empezado. Pero los que habían estado asociados con él estaban convencidos de que perduraría. Se sintieron estimulados por la declaración del Señor Jesús: "Las puertas del infierno no prevalecerán contra ella." No sólo sobrevivió la iglesia organizada en Milan, sino que comenzó a extenderse a otros estados.

La viuda de Harris estableció su oficina central en Milan, y su hogar con los esposos Mitchum. Ella y la señora de Mitchum viajaron a Fulton, Kentucky, para ayudar en una campaña de avivamiento dirigida por el reverendo J. A. Murphree y por la señora Fannie McDowell Hunter. De allí viajaron a College Grove, Tennessee, donde organizaron una congregación con 18 miembros en un avivamiento anterior al que había celebrado en Milan.

En la primavera de 1895 la congregación de Milan llamó a los reverendos Matheny, Bogan y Murphree para tener reuniones de avivamiento. Después, el reverendo W. B. Godbey presentó unos estudios bíblicos sumamente provechosos sobre "La segunda venida de Cristo". En noviembre de 1895, las señoras Harris y Mitchum, ayudadas por la señora Hunter, dirigieron una campaña evangelística en el auditorio público de Gadsden, Tennessee. Aunque en este lugar no se organizó ninguna iglesia, la campaña en sí fue un éxito. La organización de estas congregaciones produjo mucha oposición, puesto que casi todas las demás iglesias resistían tenazmente la enseñanza de la santidad y perseguían a los que profesaban haber recibido la experiencia.

El establecimiento de iglesias en otros estados

Durante la década después del fallecimiento del reverendo R. L. Harris, la obra que él iniciara en Milan, Tennessee se extendió a los estados de Alabama, Mississippi, Arkansas, Missouri, Texas, Nuevo México y Arizona.

La viuda de Harris condujo varias campañas de avivamiento en Texas durante el invierno de 1895 a 1896. Se organizaron congregaciones de la Iglesia de Cristo del Nuevo Testamento en Swedonia, Hitson's Schoolhouse y Roby, Texas. Durante estos avivamientos muchas damas voluntariamente dejaban sus joyas sobre el altar y abandonaban también viejos resentimientos, pagaban cuentas pasadas y regresaban objetos robados. En hogares donde antes había confusión y pleitos se establecía el culto familiar y la acción de gracias antes de los alimentos.

En abril de 1896 la evangelista Harris regresó a Milan donde ayudó al reverendo C. W. Sherman, de St. Louis, Missouri, a dedicar el templo de la primera congregación de la Iglesia de Cristo del Nuevo Testamento.

Durante el verano de ese año, el señor E. H. Sheeks obsequió una carpa para servicios de santidad, que se usó primeramente en Gadsden, Tennessee, donde ya antes se había tenido un avivamiento. La asistencia aumentó cada noche hasta que la carpa fue insuficiente. Quince o veinte personas se convirtieron y ocho o diez fueron santificadas. Más tarde la viuda de Harris predicó sobre las enseñanzas de la Iglesia de Cristo del Nuevo Testamento y organizó una congregación con quince miembros.

Mientras tanto la obra se iba estableciendo en los estados de Arkansas y Alabama. Las señoras Harris y Sheeks dirigieron un avivamiento en Buffalo Island, Arkansas. Poco después la señora Harris condujo otra campaña en Alabama, en Sanderson's Chapel, Newberg, Hillsboro y Landersville, donde muchos profesaron haberse convertido o haber sido santificados. Tres congregaciones de la Iglesia de Cristo del Nuevo Testamento se organizaron en estos sitios.

Por estas fechas, cierto ministro adventista que enseñaba que el séptimo día de la semana era el verdadero día de reposo cristiano, molestaba y confundía a distintos miembros de la Iglesia de Cristo del Nuevo Testamento en Milan. Varios miembros prominentes de la iglesia, usando las notas escritas que las señoras Harris y Mitchum habían tomado en polémicas celebradas por el reverendo Harris sobre el mismo asunto, compilaron y publicaron un libreto titulado "El séptimo día como día de reposo abolido con la ley de los Diez Mandamientos". Aunque algunos miembros ya habían comenzado a guardar el sábado como día de reposo en lugar del domingo, pronto retrocedieron en su costumbre y regresaron a estar en armonía con las enseñanzas de la Iglesia de Cristo del Nuevo Testamento.

Los esposos Mitchum se habían mudado a Milan para dirigir la obra de la iglesia allí, visitaban también las congregaciones en Brownsville, Gadsden y otros lugares, celebrando cultos, visitando a los hermanos, y distribuyendo literatura religiosa. Durante el verano de 1898 tuvieron avivamientos en Brownsville, Hickory Flat, Spring y Hillville. En el servicio final de la campaña en Hillville, la señora Sheeks predicó sobre "La doctrina y el gobierno de la Iglesia de Cristo del Nuevo Testamento", y a petición de varios presentes organizó otra congregación. En ese mismo verano se estableció una iglesia en Dresden, Tennessee, con el reverendo I. H. Russell como pastor.

Mientras tanto, la evangelista Harris trabajaba nuevamente en Texas. En Mulberry's Canyon celebró un avivamiento de tres semanas que resultó en la conversión de cincuenta personas y la santificación de veinticinco. Más tarde informó que había tenido cincuenta profesiones de fe durante un avivamiento en Merkel. Después organizó una congregación en Center Point, y en agosto de 1899 dirigió una campaña en Buffalo Gap que terminó con, aproximadamente, 125 personas profesando haber obtenido su conversión o su santificación. Después de una campaña en Nubia, Texas, volvió a Tennessee.

La señora Sheeks recibió el llamado a ser la pastora de la iglesia en Hillville, Tennessee, donde ya casi habían terminado el nuevo templo. La señora Harris condujo allí luego un exitoso avivamiento de dos semanas.

La dirección de los negocios de la iglesia general

Durante sus primeros años, la Iglesia de Cristo del Nuevo Testamento no contó con un concilio general de sus congregaciones. La primera reunión anual de negocios se tuvo en la iglesia de Milan del 12 al 14 de diciembre de 1899. Se eligió presidente al reverendo R. B. Mitchum, y secretaria a la señora E. H. Sheeks. Escucharon informes y se presentaron para discusión general varios puntos importantes de doctrina y de curso de acción general.

Después de prolongada discusión se declaró que el modo bíblico de bautismo era la efusión. Sin embargo, cada iglesia local quedaba en libertad de aceptar a miembros que creyeran en la inmersión y no en la efusión.

En cuanto al problema del llamamiento y al sostén pastoral, el concilio decidió recomendar a las distintas congregaciones a los pastores que parecían mejor preparados, y resolvió enseñar a la gente que era su deber sostenerlos adecuadamente.

En respuesta a la pregunta: "¿Tiene un hombre derecho bíblico a divorciarse de su esposa y volverse a casar?", después de mucha discusión, la posición de la iglesia se definió con una declaración de que el divorcio y las segundas nupcias están en contra de la enseñanza bíblica, excepto en caso de adulterio.

Sobre el asunto de "la ordenación de las mujeres", el concilio declaró que en el evangelio las mujeres deben disfrutar de los mismos derechos y privilegios que los hombres.

El último día de la reunión del concilio, se concedieron las órdenes del santo ministerio al reverendo G. M. Hammonds y a las señoras R. L. Harris y E. H. Sheeks.

La señora Mitchum continuó como pastora de la iglesia de Milan, y viajó varias veces a poblaciones en los estados de Tennessee, Alabama y Arkansas, para dirigir servicios y ayudar en la obra de la organización.

La señora Sheeks se estableció como pastora de la iglesia de Hillville, Tennessee, y más tarde de la de Buffalo Island, Arkansas. Acompañada por la señora E. A. Masterman, una cantante, condujo servicios de avivamiento en los estados de Kentucky, Tennessee, Alabama, Mississippi, Missouri y Arkansas. Bajo su dirección se organizaron iglesias en Jonesboro y en Stony Point, Arkansas. El reverendo G. W. Mann organizó una tercera congregación en Beech Grove, Arkansas.

Durante el segundo concilio anual de la Iglesia de Cristo del Nuevo Testamento, reunido el 13 de diciembre de 1900, se aprobó un acuerdo: puesto que la Iglesia de Cristo del Nuevo Testamento era de gobierno estrictamente congregacional, las acciones determinadas por el concilio no eran obligatorias para las iglesias locales. Se discutió de nuevo el problema del bautismo y se aceptó que cada congregación local usara su discreción en el asunto.

El 17 de octubre de 1901, el tercer concilio anual de la Iglesia de Cristo del Nuevo Testamento se reunió en Jonesboro, Arkansas. Sobre el asunto del sostén pastoral, el concilio decidió que el ministro mismo debería educar a los miembros de la iglesia en su responsabilidad de sostenerle, y que era el deber de los diáconos vigilar que el pastor recibiera un sostén adecuado. El reverendo H. C. Cagle presentó un entusiasta informe sobre la obra en Texas y declaró que la gran necesidad de las iglesias era de tener buenos pastores. Se recibieron informes de otros pastores, y se aceptó al reverendo O. W. Rose de Missouri como ministro ordenado.

El cuarto concilio anual, en 1902, recibió el informe de un avivamiento en la iglesia de Jonesboro, Arkansas, que había resultado en la adición de 44 nuevos miembros. Se organizaron iglesias nuevas en Beebe y Grannis, Arkansas. El Concilio decidió imprimir y distribuir copias suficientes de "El gobierno y las doctrinas de la Iglesia de Cristo".

Desde 1899 hasta 1902 los negocios generales de la Iglesia de Cristo del Nuevo Testamento se realizaron en el concilio anual, y Milan, Tennessee, fue el centro de interés de la iglesia general. El reverendo R. B. Mitchum, residente en Milan, fue electo presidente del primer concilio, y reelecto cada año hasta que el crecimiento de la iglesia forzó la necesidad de dividir la obra en dos concilios: el concilio del este y el concilio del oeste.

La organización del concilio del oeste

En diciembre de 1899 la señora Harris se mudó a Texas donde conoció al reverendo H. C. Cagle con quien más tarde contrajo nupcias. El llegó a tomar parte muy activa en la obra de la evangelización, ayudando a su esposa en los avivamientos y la organización de nuevas iglesias.

También en diciembre de 1899, el reverendo J. A. Murphree, quien había organizado una iglesia en Waco, Texas, dos años antes, inició la publicación de una revista mensual de ocho páginas, titulada "El Evangelista", en favor de la santidad. Y también durante el mismo mes inició las actividades de una misión de rescate y de una escuela de preparación de obreros cristianos para la Iglesia de Cristo del Nuevo Testamento, en Waco; él era el director. Más tarde, este plantel se mudó a Buffalo Gap, y después a Hamlin, Texas, donde tomó el nombre de Universidad Central del Nazareno.

El 24 de diciembre de 1902, dieciséis delegados ministeriales y ocho delegados laicos del área occidental se reunieron en Buffalo Gap, Texas, convencidos de que había llegado la hora de dividir la obra en dos concilios. Eligieron como su presidente al reverendo William E. Fisher, y a J. S. Logsdon, como secretario. Se aprobó una declaración de doctrina y se formuló una constitución de gobierno, dándose al nuevo cuerpo el nombre de "Primer concilio occidental de la Iglesia de Cristo del Nuevo Testamento".

Trabajos del concilio del este

El cuarto concilio anual, que en cierto sentido fue el primer concilio del este, se reunió en Hillville, Tennessee, en 1902. Cuando el mismo concilio se dio cita en 1903 para su segunda reunión, se informó de la organización de nuevas iglesias en Caruthersville, Missouri, y en Greenbrier, Gann, Wickes y Bellview, Arkansas.

En la tercera reunión anual del concilio del este, en Stony Point, Arkansas, el 15 de noviembre de 1904, se discutió un plan de unión con otras asociaciones de santidad. La señora Cagle, del concilio del oeste estuvo presente y ayudó en la preparación de una constitución para el concilio anual de la Iglesia de Cristo del Nuevo Testamento. Se nombró un comité para estudiar el plan de unión y se eligieron delegados para asistir al concilio del este, próximo a reunirse el 22 de noviembre.

Se organiza la Iglesia Independiente de Santidad

Entre los distintos cuerpos religiosos que consideraron unirse con la Iglesia de Cristo del Nuevo Testamento, el más prominente fue la Iglesia Independiente de Santidad. Bajo el agresivo liderato del reverendo C. B. Jernigan y sus ayudantes, este grupo se había formado en Van Alstyne, Texas, en 1901. La mayoría de sus miembros provenían de la Asociación de Santidad de Texas, que había sido una consecuencia de los avivamientos de santidad iniciados por el año de 1886 por los reverendos Thomas y Dennis Rogers, y George Tell.

Aunque todos estos creyentes en la santidad no estaban ansiosos de organizar una nueva denominación, se sintieron en la obligación de hacerlo para proveerse de un hogar espiritual cuando fueron expulsados de sus congregaciones. La primera iglesia se organizó con el título de Iglesia de Santidad en Rock Hill en 1888 siendo su pastor el reverendo Dennis Rogers. Poco después se organizaron otras iglesias y se edificaron templos en White's Chapel, Valdasta, McKinney y Gainesville, Texas.

Pronto comenzó a aparecer una publicación llamada "La verdadera santidad". Era el órgano oficial de la Iglesia de Santidad; se publicaba en McKinney, Texas, y la dirigía el reverendo Dennis Rogers. Más tarde se unió con la revista "El abogado texano de la santidad".

El reverendo C. B. Jernigan, pastor de la Primera Iglesia Independiente de Santidad en Van Alstyne, consagró parte de su tiempo a la evangelización, teniendo como fruto la organización de iglesias en Red Oak y Lawson, Texas. Estas iglesias prosperaron mucho a pesar de la aguda oposición.

El primer concilio anual de la Iglesia Independiente de Santidad, se reunió en febrero de 1903, en Blossom, Texas. Eligieron como presidente al reverendo C. B. Jernigan, y secretario al reverendo J. B. Chapman. El reverendo Chapman, un joven pero elocuente evangelista, condujo avivamientos en distintos lugares del este de Texas y de Oklahoma. Durante 1903 organizó iglesias en Troup y Ravenna, Texas.

El segundo concilio anual se compuso de representantes de doce iglesias. Tanto el reverendo C. B. Jernigan, como J. B. Chapman, fueron reelectos. Esta reunión fue muy censurada y a sus miembros se les acusó de desleales; sin embargo, el hermano Jernigan declaró que nadie pensaba en organizar una iglesia distinta, sino sencillamente iniciar una organización que abrigara a los creyentes en la santidad hasta que pudiera establecerse bien una unión de las iglesias de santidad.

En el tercer concilio anual, en 1904, se eligió a los reverendos C. B. Jernigan, M. J. Guthrie, Dennis Rogers, J. B. Chapman y John F. Roberts, como delegados para asistir al concilio del oeste de la Iglesia de Cristo del Nuevo Testamento en el mes de noviembre del mismo año.

La unión con la Iglesia de Cristo del Nuevo Testamento

El 22 de noviembre de 1904, se reunió el tercer concilio de la división de Texas de la Iglesia de Cristo del Nuevo Testamento, en Rising Star, Texas. Hubo delegados del concilio del este de la Iglesia de Cristo, de la Iglesia Independiente de Santidad, de la Iglesia de Dios, y de otros cuerpos de santidad. El propósito de su presencia era formular un plan de unión. Se nombraron los comités debidos y se preparó lo que llamaron el "Manual de la Iglesia de Cristo de Santidad", 1904-1905. El nombre del cuerpo eclesiástico unido sería "Iglesia de Cristo de Santidad". El gobierno sería estrictamente congregacional y cada iglesia sería un cuerpo soberano independiente en sí mismo.

Se reconocía al Señor Jesús como la única Cabeza de la iglesia. Con respecto a la membresía en la iglesia, declaraba: "Todos los verdaderos cristianos que profesan la santidad, o que creen en la santificación como una segunda obra de gracia y la desean ardientemente, y están en armonía con nuestra declaración de doctrina, pueden ser electos miembros, y pueden llegar a serlo mediante el voto de la mayoría de los miembros de la iglesia presentes." Se prohibía la membresía en logias con juramentos secretos; el uso del tabaco, bebidas embriagantes, la morfina y el opio. Y la casa del Señor no debería profanarse con ferias, festivales, festividades o conciertos.

En cuanto a las doctrinas del arrepentimiento, la conversión, la depravación, la santificación, el castigo eterno, el divorcio, la sanidad divina y la segunda venida de Cristo (premilenial), y la Santa Cena, la posición sería idéntica a la de la Iglesia de Cristo del Nuevo Testamento. Las mujeres tendrían el mismo derecho que los hombres a predicar.

La unión se consumó durante el concilio general en Pilot Point, Texas, reunido del 7 al 12 de noviembre de 1905, resultando en la "Iglesia de Cristo de Santidad".

Planes para la unificación con los nazarenos

Al siguiente concilio general, de 1906, de la Iglesia de Cristo de Santidad, asistieron delegados de los estados de

Texas, Arkansas, Oklahoma, Missouri, el territorio Indio, Lousiana, Kentucky, Tennessee y Georgia. Estos delegados habían sido nombrados por los tres concilios anuales del oeste de Texas, del este de Texas, y Arkansas, y eran tanto laicos como ministros.

En este concilio no se hicieron cambios de importancia en cuanto a la doctrina, pero se modificó la manera de ordenar presbíteros. Un comité de ministros ya ordenados debería examinar a los candidatos a ordenación en cuanto a experiencia, llamamiento, ministerio, creencias, y vida cristiana diaria. Se requirió que todos los predicadores licenciados y ordenados llevaran o enviaran informes escritos al concilio anual.

Fue entonces también cuando se unieron dos publicaciones de santidad: el *Missionary Evangel*, de Greenville, Texas, y el *Highway and Hedges*, de Pilot Point, Texas, para empezar la publicación del *Holiness Evangel*. Esta publicación oficial de la Iglesia de Cristo de Santidad debería aparecer quincenalmente en Pilot Point, Texas, con el lema: "Toda la Biblia para todo el mundo."

Ya con anterioridad a la convocación de este concilio, el reverendo C. W. Ruth, un prominente miembro de la Iglesia del Nazareno, había sostenido correspondencia con algunos miembros importantes de la Iglesia de Cristo de Santidad sobre la posibilidad de unión. Les hizo saber que la Iglesia del Nazareno y la Asociación de Iglesias Pentecostales de Norteamérica estaban considerando seriamente unirse, y que en abril de 1907 sostendrían en Brooklyn, Nueva York, una reunión especial para ventilar esa posibilidad. La Iglesia de Cristo de Santidad eligió entonces tres delegados, pero no los pudo enviar debido a falta de fondos. Durante la reunión en Brooklyn, la Iglesia del Nazareno y las Iglesias

Pentecostales de Norteamérica formularon planes para una convención de unión que debería reunirse en Chicago, Illinois, el 10 de octubre de 1907.

En esta convención de Chicago, la Iglesia de Cristo de Santidad estuvo representada por C. B. Jernigan, J. D. Scott, Joseph N. Speakes, J. P. Roberts, T. J. Shingler, S. M. Stafford y la señora E. H. Sheeks. La asamblea de unión les extendió una calurosa bienvenida y les invitó a participar como miembros honorarios del comité de revisión del *Manual*. Durante las reuniones de este comité, se discutieron abiertamente los puntos de diferencia entre la Iglesia de Cristo de Santidad y el nuevo cuerpo eclesiástico que se estaba organizando con el nombre de "Iglesia Pentecostal del Nazareno", y se acordaron tentativamente las bases para una unión. Se decidió presentar el *Manual* de la Iglesia Pentecostal del Nazareno a los concilios anuales de la Iglesia de Cristo de Santidad para que los ratificaran, después de lo cual podría llevarse a cabo la unificación.

Aquellos representantes de la Iglesia de Cristo de Santidad regresaron a sus iglesias recomendando enfáticamente que su organización se uniera el año siguiente a la Iglesia Pentecostal del Nazareno. Durante las reuniones anuales del concilio del oeste de Texas, y del concilio del este de Texas, y del concilio de Arkansas, se discutió la posibilidad de unión. Se observaron francamente los puntos de diferencia entre el *Manual* de la Iglesia Pentecostal del Nazareno, y el *Manual* de la Iglesia de Cristo de Santidad. Habiéndose comparado cuidadosamente la doctrina y el gobierno, se convino en que las diferencias eran mínimas, y los delegados con gran entusiasmo se declararon en favor de la unión, aprobando el proyecto unánimemente.

Ya para 1908 la Iglesia de Cristo de Santidad se extendía

desde Boulder, Colorado, hasta Cape Sable, Florida, y desde Kentucky hasta México. Además, tenía misioneros en India, Africa y China. Después de una visita a Pilot Point, el Dr. P. F. Bresee informó en un editorial de "El Mensajero Nazareno", que la Iglesia de Cristo de Santidad contaba aproximadamente con 150 iglesias, 3,500 miembros, y más de 300 predicadores, evangelistas y otros obreros. Dijo también que el arreglo provisional para la unión entre la Iglesia Pentecostal del Nazareno y la Iglesia de Cristo de Santidad se había aprobado en la reunión de los concilios anuales de la Iglesia de Santidad; y que el comité ejecutivo del concilio general había solicitado que la Asamblea General de la Iglesia del Nazareno tuviera una sesión unida con ellos en Pilot Point, Texas, con el solo propósito de finiquitar la unión.

El Dr. Bresee expresó asimismo por escrito y simultáneamente con respecto a la próxima sesión de la Asamblea General, su profundo interés en la Iglesia de Cristo de Santidad en el sur del país. Estaba convencido de que los gastos y el tiempo que requeriría otra Asamblea General, apenas un año después de la celebrada en Chicago, no debería considerarse como obstáculos en vista de la grandeza de las posibilidades de la obra en el sur, las que demandaban acción inmediata. La unificación de la obra en el norte y en el sur era una necesidad urgente.

Los órganos oficiales de la Iglesia Pentecostal del Nazareno en el este y en el oeste, y de la Iglesia de Cristo de Santidad, publicaron la noticia de que la Segunda Asamblea General de la Iglesia Pentecostal del Nazareno se reuniría conjuntamente con el cuarto concilio general de la Iglesia de Cristo de Santidad en Pilot Point, Texas, el 8 de octubre de 1908.

CAPÍTULO 6

LA UNIFICACIÓN DE LAS IGLESIAS

Un estudio del surgimiento y el desarrollo de la Iglesia del Nazareno en el oeste, de la Asociación de Iglesias Pentecostales de Norteamérica en el este, y de la Iglesia de Cristo de Santidad en el sur, revela la sorprendente similitud de estos grupos en doctrina, gobierno y prácticas. El factor de mayor significado en el movimiento que tuvo por fruto la Iglesia del Nazareno según la conocemos hoy, fue el consumidor deseo de unificación que poseía a todos los que predicaban la doctrina de la entera santificación como una segunda obra específica de gracia realizada por el bautismo con el Espíritu Santo, en consagración y fe.

El este y el oeste se unifican

El reverendo C. W. Ruth, un evangelista de santidad de renombre nacional, se unió con la Iglesia del Nazareno en los Angeles en 1901. En sus labores de evangelización se relacionó con los líderes de la Asociación de Iglesias Pentecostales de Norteamérica en el este, y de la Iglesia de Cristo de Santidad en el sur. El Dr. Bresee, superintendente general de la Iglesia del Nazareno, nombró al reverendo C. W. Ruth como superintendente general asistente y le autorizó a buscar la solución de los problemas iniciales a la unión con la Asociación de Iglesias Pentecostales de Norteamérica.

Uno de los primeros pasos tomados en la reunión anual de 1906 fue que esta Asociación aprobó enviar a los pastores John M. Short, H. M. Brown y A. B. Riggs como delegados fraternales a la Decimaprimera Asamblea Anual de la Iglesia del Nazareno que se reuniría más tarde en ese año en Los Angeles.

Los tres delegados quedaron tan profundamente impresionados por el espíritu, la doctrina y la práctica de la Iglesia del Nazareno, que de inmediato comenzaron a formularse los planes para la unificación.

El 11 de abril de 1907 señala "una fecha importante en la historia del movimiento de santidad de los Estados Unidos". Ese día los representantes de la Iglesia del Nazareno —el Dr. P. F. Bresee y los reverendos C. W. Ruth, H. D. Brown y E. A. Girvin— se reunieron con la Decimasegunda Convención Anual de la Asociación de Iglesias Pentecostales de Norteamérica en Brooklyn, N. Y., y convinieron sobre asuntos conducentes a la unificación. En primer lugar, el nombre del cuerpo unido sería, "Iglesia Pentecostal del Nazareno"; en segundo lugar, la forma de gobierno sería un curso intermedio entre los extremos del gobierno episcopal y el congregacional. El acuerdo detallado se sometió a la asamblea en pleno en el informe de la comisión de unificación. Tan pronto como se hubo leído el informe se escucharon entusiastas demostraciones de aprobación y de alabanzas por todo.

La comisión unida para la unificación decidió citar a una asamblea de unión en Chicago, Illinois, el otoño siguiente. La convocatoria apareció en "El mensajero nazareno" y en "El cristiano de beula" anunciando que la Primera Asamblea General de las iglesias unidas se reuniría el jueves 10 de octubre de 1907 en la Primera Iglesia del Nazareno.

Aquella Asamblea General eligió como superintendentes generales al Dr. P. F. Bresee, del grupo del oeste, y al reverendo H. F. Reynolds, del grupo del este. Una junta general de misiones compuesta por un número igual de representantes de cada grupo se formó para supervisar todas las actividades misioneras, tanto en el país como en el extranjero.

La última proposición aprobada por la asamblea fue la adopción del *Manual* revisado. Un delegado de Missouri, al comentar sobre la unión, exclamó: "Me regocijo en que la estrella del oeste y la estrella del este hayan tenido una conjunción aquí. Las estrellas no condujeron a un nacimiento, sino a un matrimonio."

Las estadísticas de los dos grupos revelan también la semejanza numérica entre ellos:

	Este	Oeste
Iglesias	47	52
Membresía	2,371	3,827
Matrícula en la escuela dominical	2,617	2,852
Valor de las propiedades	$175,640	$224,284

A aquella Primera Asamblea General asistieron algunos representantes de la Iglesia de Cristo de Santidad en el sur. Y fue precisamente su profundo deseo de unirse a los demás creyentes en la santidad, lo que produjo la Segunda Asamblea General celebrada en Pilot Point, Texas, el año siguiente.

La unificación con la Iglesia de Cristo de Santidad

El 8 de octubre de 1908 se reunieron en Pilot Point, Texas, en una sesión unida, la Segunda Asamblea General de la Iglesia Pentecostal del Nazareno y la Cuarta Asamblea General de la Iglesia de Cristo de Santidad. El Dr. P. F. Bresee abrió las sesiones de la asamblea con un corto período devocional después de lo cual todos participaron de la

Santa Cena. Entonces el Dr. Bresee se dirigió a los delegados hablando sobre el surgimiento de la obra de la iglesia en las diferentes regiones del país, haciendo notar, en particular, el espíritu de unificación que había estado atrayendo a estos distintos grupos.

El reverendo J. O. McClurkan, y seis delegados de la Misión Pentecostal de Nashville, Tennessee, estaban presentes por su interés en una posible unión, y se les extendió la cortesía de que fueran miembros honorarios de la asamblea.

Del 9 al 13 de octubre se discutieron varios puntos de diferencia entre los dos cuerpos, pero una vez acordadas las bases para la unificación, el señor R. B. Mitchum, presidente de la Iglesia de Cristo de Santidad, propuso que se consumara la unión de las dos iglesias. El reverendo C. W. Ruth secundó la proposición comentando: "Puesto que somos de un solo corazón, deberíamos también formar un solo cuerpo orgánico." Los reverendos J. M. Short, J. B. Creighton, C. B. Jernigan y H. B. Hosley, secundaron la proposición como representantes de alguna sección de la iglesia. Y en medio de grandes demostraciones de regocijo, la proposición se aprobó unánimemente a las 10:40 de la mañana del 13 de octubre de 1908.

Se escogieron de los diferentes estados del sur los miembros de la junta general de misiones para la división del sur de la Iglesia Pentecostal del Nazareno. El territorio que cubría la Iglesia de Cristo de Santidad se dividió en distritos y se eligió a un superintendente para cada uno de ellos.

El comité de educación recomendó que la Asamblea General aceptara la propiedad del Instituto Bíblico y Escuela de Preparación en Pilot Point, y que nombrara un cuerpo de directores. Sugirió también que el nombre de la escuela se cambiara a "Escuela Bíblica y Academia del Nazareno".

La delegación de la Misión Pentecostal de Nashville, Tennessee, no dio pasos definidos hacia la unificación en Pilot Point. Sin embargo, la Asamblea General autorizó a los superintendentes generales a quienes había elegido: Dr. P. F. Bresee por el oeste, reverendo H. F. Reynolds por el este, y al reverendo E. P. Ellyson por el sur, para que nombraran una comisión de unificación que se reuniera con otra comisión semejante nombrada por la Misión Pentecostal.

Cuando el reverendo J. O. McCklurkan y otros miembros de la delegación regresaron a Nashville, informaron que los líderes de la Misión Pentecostal no estaban de acuerdo con la posición de la Iglesia Pentecostal del Nazareno sobre la segunda venida de Cristo y la ordenación de mujeres al santo ministerio. Sin embargo, pensaban que estas diferencias y algunas otras podrían arreglarse en un concilio combinado.

Hubo también otro cuerpo eclesiástico: la conferencia del este de Pennsylvania de la Iglesia Cristiana de Santidad, con un número pequeño de iglesias y miembros, que se unió a la Iglesia Pentecostal del Nazareno el mes anterior a la Asamblea General en Pilot Point.

El reverendo H. G. Trumbauer, presidente del distrito del este de la Iglesia Cristiana de Santidad, asistió a la asamblea de unión celebrada en Chicago en 1907, y declaró entonces que se inclinaba por la unificación de las fuerzas de santidad. La Iglesia Pentecostal del Nazareno envió una resolución a la Iglesia Cristiana de Santidad en Pennsylvania invitándola a considerar la unificación. El superintendente general, Reynolds, después de consultar con el superintendente general, Bresee y con otros, visitó la convención de santidad celebrada en Filadelfia, Pennsylvania, y recibió a la conferencia del este de Pennsylvania de la

Iglesia Cristiana de Santidad en el seno de la Iglesia Pentecostal del Nazareno el 17 de septiembre de 1908.

La Iglesia del Nazareno en 1908

La estadística oficial de la Segunda Asamblea General celebrada en 1908, informó que había 228 iglesias con una feligresía total de 10,414. La escuela dominical contaba con 7,780 alumnos y la sociedad de jóvenes con 523 miembros. El valor total de las propiedades llegaba a $559,953 dólares, y $140,756 dólares fue lo que se colectó durante el año para todos los fines.

La denominación contaba con tres instituciones educativas para la preparación de pastores, evangelistas y misioneros: el Colegio Bíblico Deets del Pacífico en Los Angeles, California, el Instituto Pentecostal Colegiado en North Scituate, Rhode Island, y la Escuela Bíblica y Academia del Nazareno en Pilot Point, Texas.

Tres publicaciones imprimían el evangelio glorioso de salvación completa: "El mensajero nazareno", en Los Angeles, California; "El cristiano de beula", en Providence, Rhode Island, y "El evangelio de santidad", en Pilot Point, Texas. Estas publicaciones continuaron hasta 1911.

La Asamblea General de 1908 en Pilot Point tuvo profundo significado histórico para la Iglesia Pentecostal del Nazareno. En 1923, la Asamblea General dictó que: "Se reconozca la fecha de la Segunda Asamblea General de nuestra iglesia, reunida en Pilot Point, Texas —cuando las tres grandes corrientes del 'agua de vida' confluyeron (una proveniente del Pacífico, otra del Atlántico, y la tercera del Golfo de México) —como la fecha cuando tuvo lugar el establecimiento de nuestro hogar espiritual, y cuando nos unimos como un solo pueblo en medio de escenas de entusiasmo que trascendieron toda posibilidad de descripción."

La Misión Pentecostal

La Misión Pentecostal se inició en Nashville, Tennessee, en 1898 bajo el liderato del reverendo J. O. McClurkan, un ministro de la Iglesia Presbiteriana Cumberland quien había sido enteramente santificado. Convocó al pueblo de santidad de la región central del estado de Tennessee a una convención que se reuniría los días 18 y 19 de julio con el propósito de integrar una organización que "utilizara y perpetuara la obra realizada en estos avivamientos de santidad". El resultado fue la organización de la "Alianza Pentecostal". El reverendo J. O. McClurkan definió a este grupo como "una sociedad misionera pentecostal que busca encender las mismas llamas del celo misionero que ardieron sobre los altares de la iglesia apostólica".

En su convención anual de 1901, la Alianza Pentecostal se reorganizó bajo el nombre de "Misión Pentecostal", y comenzó a enviar misioneros a tierras extranjeras. Para preparar a sus obreros organizó la Escuela Bíblica Pentecostal que más tarde vino a ser el Colegio Trevecca.

Los artículos de la convención de 1901 declaraban que el gobierno de este grupo sería representativo y que sus oficinas principales estarían en Nashville, Tennessee. Se tendría una convención anual dirigida por un presidente, y contando con un vicepresidente, secretario, y tesorero como sus otros oficiales. La supervisión del trabajo quedaría en manos de un comité general el cual dividiría sus responsabilidades en dos departamentos, el de misiones domésticas y el de misiones extranjeras, con nueve miembros cada departamento. La declaración doctrinal era semejante en todo lo fundamental de las iglesias evangélicas ortodoxas, aparte de la doctrina de la "entera santificación de los creyentes y la venida premilenial de Jesucristo".

Ellos deseaban evitar las fricciones con iglesias ya establecidas. El reverendo J. O. McClurkan creía firmemente que el movimiento de santidad era demasiado grande para limitarlo al seno de una sola denominación, y que no debería organizarse como un cuerpo eclesiástico.

El 28 de abril de 1903 el comité ejecutivo aprobó la "Constitución y Reglamento Interior", y se concedió un título de fundación.

Para 1907, la obra de la Misión Pentecostal se extendía a casi todos los estados del sur y ejercía profunda influencia de santidad mediante sus evangelistas y obreros cristianos. Este grupo realizaba una obra espiritual, evangelística, misionera y humanitaria. La institución educativa que sostenía, la publicación que imprimía, y los fondos que colectaba, todo se empleaba para el extendimiento de la causa misionera. De 1898 a 1915 se enviaron alrededor de 50 misioneros.

El espíritu humanitario de este grupo produjo en 1907 el establecimiento de "La puerta de esperanza", y de "El hogar pentecostal de preparación" en Nashville, Tennessee.

La unión con la Iglesia Pentecostal del Nazareno

"Desde nuestros principios no hemos dejado de pensar ni de sentir precisamente lo mismo que usted me dice sobre la necesidad de la organización", escribía el Dr. P. F. Bresee al reverendo J. O. McClurkan en 1907. "La base doctrinal de creencias necesarias debe ser muy sencilla y abarcar lo que es esencial a la santidad."

Interesados en la posibilidad de la unificación, la Misión Pentecostal, el 22 de noviembre de 1910 acordó invitar a la

Iglesia Pentecostal del Nazareno a celebrar su Tercera Asamblea General en Nashville en combinación con la Misión Pentecostal durante 1911. En esa asamblea se discutieron los problemas de la unificación, pero los dos cuerpos decidieron que todavía no podían encontrar bases que dejaran satisfechos a todos los interesados.

El reverendo J. O. McClurkan falleció en septiembre de 1914. Poco después, los líderes de la Misión Pentecostal consideraron que era de imperativa necesidad unificarse con la Iglesia Pentecostal del Nazareno. Los representantes de esta última —el superintendente general H. F. Reynolds, el reverendo E. G. Anderson, y los señores R. B. Mitchum, y J. A. Chenault —se reunieron con los oficiales de la Misión Pentecostal— los reverendos C. E. Hardy, presidente, y E. W. Thompson, John T. Benson y Tim H. Moore— en la oficina de la Misión Pentecostal el 13 de febrero de 1915 y finiquitaron los arreglos para la unión de los cuerpos eclesiásticos. La Iglesia Pentecostal del Nazareno asumió la responsabilidad de la obra misionera en el extranjero, incluyendo el trabajo en la India, Cuba y América Central, pero con el entendimiento de que la publicación oficial de la Misión Pentecostal, "Agua viva", continuaría solicitando fondos para el programa misionero.

Además, el traslado de las propiedades eclesiásticas, valuadas en unos $100,000 dólares, el Colegio Trevecca, que era el plantel educativo de la Misión Pentecostal, comenzaron a funcionar bajo la junta de directores elegida por las asambleas de distrito de la Iglesia Pentecostal del Nazareno.

La Iglesia Pentecostal de Escocia

El Dr. George Sharpe, fundador de la Iglesia Pentecostal de Escocia, había sido pastor de una Iglesia Metodista Episcopal de los Estados Unidos antes de regresar a su tierra nativa y comenzar a predicar la santidad en la iglesia congregacional de Ardrossan. El escribió: "La pasión por las almas que se apoderó de mí el día en que el Señor me santificó enteramente, no había menguado." Bajo su ministerio la asistencia aumentó notablemente; muchas almas encontraron al Señor, y algunas de ellas comenzaron a inquirir sobre el camino de la santidad.

En septiembre de 1905, el Dr. Sharpe fue nombrado pastor de la Iglesia Congregacional Parkhead en Glasgow, Escocia. Estaba profundamente persuadido que debería predicar lo que encontrara en la Biblia, incluso la santidad, y que también debería predicar su propia experiencia y convicciones. Como resultado, el 29 de septiembre de 1906, por razón de su actitud en el asunto de la santidad, lo suspendieron de la Iglesia Parkhead.

Había unas ochenta personas que deseaban que el Dr. Sharpe continuara como su pastor, y con ese fin consiguieron un amplio auditorio, e imprimieron y repartieron anuncios para anunciar que al siguiente día se tendrían cultos a las once de la mañana y a las siete de la noche. La propaganda afirmaba: "Nosotros predicamos a Cristo crucificado, quien por Dios nos ha sido hecho sabiduría, y justificación, y santificación, y redención."

Muy pronto el enorme auditorio se llenó, y también el altar se llenó con buscadores de perdón y de pureza. El fruto de estas reuniones fue la organización de la Iglesia Pentecostal Parkhead.

La congregación compró un terreno en la calle Burgher y construyó un templo. El reverendo George J. Kunz predicó el primer sermón el primer sábado de diciembre de 1907. La dedicación de aquel templo convenció a los habitantes de

Parkhead de que la Iglesia Pentecostal permanecería entre ellos. El Dr. Sharpe inició un agresivo programa de evangelismo de santidad, consiguiendo que de los Estados Unidos vinieran un número grande de exponentes notables de la santidad. Entre ellos notamos los nombres de los doctores C. J. Fowler, A. M. Hills, Beverly Carradine, H. F. Reynolds y E. F. Walker.

La Iglesia Pentecostal Parkhead se volvió un centro de fuego espiritual que no tardó en propagarse a otras regiones. En 1909 el Dr. Sharpe organizó iglesias pentecostales en Paisley y Uddingston, Escocia, iniciando así la organización de la Iglesia Pentecostal de Escocia. En 1910 organizó las iglesias de Blantyre, Escocia, y de Morley, Inglaterra; y en 1911 la de Gildersome, Inglaterra; en 1912 la de Perth, Escocia, y en 1913 la de Edinburgo, Escocia. Además de estas iglesias, se abrieron misiones de santidad en Patrik, Helenburg, Ardrossan, Whifflet, y Forfar, Escocia, y en Battersea, Inglaterra.

La unión con la Iglesia Pentecostal del Nazareno

La Tercera Asamblea General de la Iglesia Pentecostal del Nazareno reunida en 1911 en Nashville, Tennessee, acordó enviar al superintendente general E. F. Walker como delegado fraternal a la asamblea de la Iglesia Pentecostal de Escocia. El Dr. Walker visitó Escocia e Inglaterra durante el invierno de 1913-1914, predicando el evangelio de santidad, familiarizándose con las iglesias pentecostales, y discutiendo con ellas la probabilidad de su unificación con la Iglesia Pentecostal del Nazareno. Cuando en abril de 1914 se reunió la sexta asamblea anual de la Iglesia Pentecostal de Escocia, el Dr. Walker fue el orador principal.

En aquella ocasión se nombró un comité integrado por todos los pastores y un delegado de cada congregación para considerar la posibilidad de unificación denominacional y presentar un informe a la siguiente asamblea.

Casi todos los escollos que se interponían a la unificación desaparecieron durante la visita que el superintendente general Reynolds hizo a Escocia en el otoño de 1914. A su vez, el Dr. George Sharpe, presidente de la Iglesia Pentecostal de Escocia, asistió como delegado fraternal a la Cuarta Asamblea General de la Iglesia Pentecostal del Nazareno reunida el 30 de septiembre de 1915 en Kansas City, Missouri. Al dirigir la palabra a la asamblea, informó que en Escocia e Inglaterra contaban con ocho iglesias, un total de 635 miembros en plena comunión, y 841 miembros en la escuela dominical. El valor total de las propiedades de la iglesia ascendía a $45,350 dólares; se había comprado una propiedad para el Colegio Bíblico, y desde 1913 se estaba publicando "El heraldo de santidad".

La unificación de los dos cuerpos eclesiásticos se consumó el 15 de noviembre de 1915. El Dr. Sharpe fue electo superintendente del nuevo distrito de las islas británicas.

La Asociación de Laicos de Santidad

Como había sucedido en otras regiones de los Estados Unidos, muchas iglesias de los estados del noroeste habían abandonado la doctrina de la santidad que Juan Wesley proclamara. Pero un gran "avivamiento de santidad" había cundido por todos los estados del norte central y del noroeste durante los últimos años del siglo XIX y los primeros del XX. Este "movimiento", se extendió por Las Dakotas, Montana y Minnesota, los estados en los cuales la Asociación de Laicos de Santidad cobró gran influencia.

El Dr. S. A. Danford, superintendente de distrito de la Iglesia Metodista, relata en su libro *Spreading Scriptural Holiness* (Diseminando la santidad escritural), cómo él celebraba avivamientos de santidad, organizaba iglesias, y ayudaba a sus pastores y a otros obreros en el establecimiento de iglesias que fueran fieles a la enseñanza wesleyana de la santidad.

Los cultos campestres se establecieron en Jamestown, Dakota del Norte, con el Dr. Danford como presidente, y J. G. Morrison como secretario. El Dr. G. A. McLauglin afirmó que era "la celebración de cultos campestres más excelentes que haya en este mundo", y declaró que todos los cincuenta y cinco predicadores del distrito del Dr. Danford eran predicadores de santidad. Pero cuando la obra pasó a otras manos, empezaron a llegar al distrito pastores que no predicaban la santidad.

El Dr. Danford citó a una reunión de laicos metodistas para el 30 de junio de 1917 con el fin de organizar la Asociación Metodista de Laicos de Santidad. La asociación eligió como su presidente a F. C. Eastwold, y al Dr. J. C. Morrison como superintendente del departamento de extensión. Se pidió que el Dr. Morrison ocupara todo su tiempo promoviendo la obra de la asociación. Debido a esto, la Iglesia Metodista lo "localizó", y le retiró sus credenciales.

Pero para el mes de septiembre de 1917, este trabajo ya se había extendido a los estados de Dakota del Sur, Iowa, Minnesota y Montana. Mientras tanto, los líderes de la Asociación de Laicos afirmaban su lealtad al verdadero metodismo y suplicaban fervorosamente que se les permitiera continuar con la obra en favor de la santidad dentro del seno de la iglesia.

En 1918, C. F. Whitney, presidente recién electo de la asociación, dijo que estaba convencido de que Dios había llamado al hermano Morrison a conservar el movimiento de santidad y a proclamar esta doctrina bíblica por todos aquellos contornos. La asociación contaba entonces con unos 350 miembros.

Desarrollo de la Asociación de Laicos de Santidad

Durante la tercera reunión anual de la asociación, celebrada en Jamestown, del 25 al 28 de junio de 1919, se hicieron planes para extender más la organización. Se eligió al Dr. J. G. Morrison como presidente y evangelista general del campo. Se nombraron evangelistas de distrito para Minnesota, las Dakotas, y Montana.

La primera reunión anual del nuevo cuerpo, llamado "Asociación de Laicos de Santidad de Norteamérica", tuvo lugar en Bismark, Dakota del Norte, del 28 de enero al 1 de febrero de 1920. Este grupo aprobó una constitución y reglamento interior, organizó un departamento misionero, formó distritos, y adoptó un sistema interdenominacional. Se formaron los siguientes distritos: Noroeste, Noreste, Suroeste, Sureste Dakota del Norte, Minnesota, y de Alberta, Canadá. En la reunión anual de 1921 se incluyeron los siguientes distritos: Kansas, Sureste de Missouri, Wisconsin Central, Lansing, Michigan, Montana Central, Noroeste de Montana, Michigan Este, Peninsular Superior de Michigan, y Washington.

Sin embargo, muy pronto los líderes de este movimiento comprendieron que si deseaban conservar los resultados de su evangelismo de santidad y proveer un hogar espiritual para su pueblo, les sería necesario organizar una nueva denominación de santidad, o identificarse con alguna ya organizada.

La unión con la Iglesia del Nazareno

Los miembros de la Asociación de Laicos de Santidad compartían el espíritu de unificación característico a todo el movimiento de santidad. El Dr. J. G. Morrison, presidente de la asociación, se unió a la Iglesia del Nazareno, en Minneapolis, Minnesota, en 1922, y exhortó a los líderes y miembros de la Asociación de Laicos de Santidad a unirse a la Iglesia del Nazareno.

Se cree que más de mil personas que estaban asociadas con este movimiento se unieron individualmente o en grupos pequeños con las iglesias en sus poblaciones o áreas respectivas. Para julio de 1922, el Dr. Morrison había ayudado al superintendente del distrito de Dakota del Norte —Minnesota a organizar seis iglesias del Nazareno con los miembros de la Asociación de Laicos de Santidad.

La asamblea anual del distrito Dakota del Norte—Minnesota, reunida del 12 al 16 de julio de 1922 en Velva, Dakota del Norte, aprobó resoluciones positivas sobre la unificación de la Asociación de Laicos de Santidad con la Iglesia del Nazareno. El reverendo E. E. Wordsworth señaló que la asociación contaba con una cantidad considerable de equipo, y que su publicación oficial, "El laico de santidad", continuaría apareciendo bajo la dirección del Dr. J. G. Morrison. La asociación contaba con distintas propiedades en varios sitios, las cuales, en caso de unirse con la Iglesia del Nazareno, pasarían a ser propiedad de esta denominación. Expresó que él se inclinaba en favor de la unificación con el propósito de proclamar el evangelio de salvación completa mediante los canales provisto por la Iglesia del Nazareno.

Pero, siendo que la asociación era de carácter interdenominacional, y sus miembros eran miembros de las iglesias locales que ellos habían escogido, no era posible realizar una unificación oficial de grupos. Sin embargo, la profunda influencia de esta organización wesleyana de santidad haría inevitablemente, una enorme contribución espiritual y material al progreso de la Iglesia del Nazareno.

Otras unificaciones desde 1952 hasta 1958

La Misión Internacional de Santidad se fundó en Londres, Inglaterra, en 1907. Su fundador fue el señor David Thomas, un comerciante y predicador laico. Se había organizado con el propósito fundamental de sostener a algunos misioneros que estaban sirviendo en Africa del sur. Allá sostenían estrechas relaciones con los misioneros nazarenos, mismas que se habían cultivado también en las islas británicas. Por fin, la unión con la Iglesia del Nazareno se llevó a cabo el 29 de octubre de 1952, en Leeds, Inglaterra, oficiando el superintendente general Hardy C. Powers. La unión trajo al seno de la Iglesia del Nazareno a 28 iglesias, más de mil miembros, y 36 misioneros en Africa del sur.

Por más o menos 25 años la Iglesia de Santidad El Calvario, de Inglaterra, había tenido un gran ministerio de evangelismo de santidad bajo el liderazgo de los reverendos Maynard James y Jack Ford. Este grupo se unió con la Iglesia del Nazareno el 11 de junio de 1955 en Manchester, Inglaterra, oficiando el superintendente general Samuel Young. Como resultado de esta unificación se adhirieron a la Iglesia del Nazareno unas 22 congregaciones con más de seiscientos miembros.

En 1958 se unió a la Iglesia del Nazareno la Iglesia de Obreros Evangélicos de Canadá, siguiendo el liderato del superintendente general Samuel Young. Entonces se agregaron al distrito central del Canadá, cinco iglesias y más de doscientos miembros.

Pensamiento final

Ha pasado a la historia la era de los misioneros exploradores.

A principios de siglo el mensaje de salvación se predicó a pueblos primitivos de los rincones más apartados del mundo.

Pero todo ha cambiado. Los carros tirados por caballos han sido sustituidos por aeronaves ultrasónicas. Los bisnietos y nietas de aquellos creyentes primitivos ahora son graduados de universidades y escuelas superiores.

Es un mundo totalmente diferente.

Ya las ciudades más grandes del hemisferio no se encuentran exclusivamente en el norte. Algunas de las ciudades más progresistas se ubican en países del Tercer Mundo. El continente que en el pasado recibía el adjetivo de "negro", Africa, porque no conocía el evangelio, es hoy más cristiano que Europa, cuna de la Reforma Protestante. Los países del Tercer Mundo están comenzando a enviar misioneros a evangelizar los países mismos que enviaron misioneros a evangelizarlos a ellos hace muchos años.

¡Cómo ha cambiado el mundo!

Y a la vez, ese dramático cambio representa el mayor desafío y oportunidad para la iglesia cristiana.

La Iglesia del Nazareno ha respondido agresivamente a esos desafíos de hoy. Los benéficos acontecimientos del proceso de internacionalización son obvios en toda la iglesia, en particular al compartir la carga del evangelismo. La Iglesia del Nazareno en todo el mundo sigue siendo una iglesia progresista, gracias a que los nazarenos de todas las naciones han aceptado el desafío de alcanzar a su pueblo para Cristo.

No con ello implicamos que el proceso haya sido fácil. Siempre hemos experimentado, y siempre experimentaremos, algunos dolores del crecimiento al ir adaptando la constitución de la iglesia a las necesidades de los pueblos de todo el mundo. Confrontamos también el desafío de arropar las verdades eternas del evangelio en vestimenta cultural específica sin diluir el mensaje de santidad. El espíritu de unidad y mutuo respeto entre los nazarenos de todas las naciones ofrecen una buena razón para sentirnos optimistas en cuanto al futuro.

Por ello nos da gusto informar, al concluir este libro sobre los primeros días de la Iglesia del Nazareno, que ésta ha cambiado para hacerle frente a su desafío. Con todo, ha seguido fiel a la causa que motivó su surgimiento. Esa combinación de estabilidad y flexibilidad fortalece a la iglesia en estos días de grandes oportunidades. Echamos un vistazo hacia el pasado llenos de gratitud, hacia el futuro llenos de esperanza, y fijamos nuestra vista en el Señor con la confianza de que nos lleva siempre de triunfo en triunfo.

APÉNDICE

NAZARENOS LATINOAMERICANOS

Partiendo de principios harto humildes, desde 6 focos inmensamente distantes geográfica y culturalmente entre sí,* y sujeta a vicisitudes que en más de una ocasión amenazaron ahogarla, la obra de la Iglesia del Nazareno entre los latinoamericanos ha perdurado. Por la gracia de Dios y para su gloria, ha llegado a ser una fuerza viva que ha hecho ya cierto impacto en la realidad latinoamericana, y que ahora tiene la posibilidad de un ministerio de importancia, cuando las crisis del Continente parecen ahondarse.

Algo de las dimensiones de esa fuerza, y algunos indicios de ese ministerio potencial se echan de ver en las dos siguientes gráficas que detallan algunos de los renglones significativos de nuestro trabajo en 21 países de América, además de los Estados Unidos, cuya población de extracción latinoamericana e hispana va en constante aumento, y que se calcula entre el 8 y el 9 por ciento de los habitantes de esa nación. Estos veinte millones de personas (en 1988) son un gran campo de trabajo para nuestros 3 distritos organizados en ese país.

---

* Guatemala (1901), Cuba (1902), México (1903), población hispana en California, E.U.A. (1904), Perú (1917) y Argentina (1919).

		Pastores	Total de obreros	Iglesias y misiones	Sostén propio	Miembros a prueba	Total de miembros
1	Argentina	41	49	69	68	698	5,382
2	Belice	7	5	28	22	134	1,312
3	Bolivia	34	74	156	119	932	9,558
4	Brasil	31	74	77	63	520	6,000
5	Chile	15	28	43	25	0	1,422
6	Colombia	6	16	25	0	91	1,096
7	Costa Rica	21	42	37	0	405	1,747
8	Cuba	6	4	19	0	167	602
9	Ecuador	9	28	42	0	69	2,247
10	El Salvador	6	26	37	23	280	2,393
11	Guatemala	75	84	242	157	2,720	22,810
12	Honduras	4	21	28	18	0	970
13	México	147	174	423	229	6,460	26,881
14	Nicaragua	28	21	70	0	730	3,479
15	Panamá	10	11	23	0	366	1,228
16	Paraguay	5	3	11	0	63	433
17	Perú	90	113	299	55	5,201	20,148
18	Puerto Rico	15	16	36	33	225	2,478
19	República Dominicana	8	72	190	0	2,199	9,104
20	Uruguay	11	13	15	0	69	984
21	Venezuela	3	26	50	0	228	1,202
	Totales	572	900	1,920	812	21,557	121,476

---

* El número y extensión de los distritos existentes en los Estados Unidos han fluctuado con el paso del tiempo. Al presente funcionan el Latinoamericano Occidental, que ha existido sin interrupción desde 1926, el Central Latinoamericano, con iglesias en Texas y Oklahoma, y el Suroeste Latinoamericano, de organización reciente, con trabajo en Arizona, Nuevo México y Colorado.

		Cantidad de distritos	Cantidad de Esc. Dom.	Total de Esc. Dom.	Institutos y seminarios	Número de alumnos	Pagos hechos, para todo propósito
1	Argentina	5	50	4,210	1	30	206,580
2	Belice	1	24	1,869	0	0	72,761
3	Bolivia	5	145	14,458	1	27	71,104
4	Brasil	9	72	7,557	1	46	409,751
5	Chile	4	38	2,792	1	17	29,336
6	Colombia	4	20	2,256	0	0	20,132
7	Costa Rica	2	30	1,807	1	67	69,042
8	Cuba	1	11	823	1	16	42,318
9	Ecuador	3	47	3,764	0	0	31,487
10	El Salvador	1	26	4,788	0	0	52,905
11	Guatemala	7	218	35,637	2	70	288,718
12	Honduras	1	25	1,969	0	0	38,768
13	México	9	349	31,260	1	64	556,269
14	Nicaragua	1	69	5,422	0	0	35,425
15	Panamá	1	21	2,485	0	0	45,939
16	Paraguay	1	10	703	0	0	7,589
17	Perú	9	269	26,761	2	79	235,068
18	Puerto Rico	1	36	4,269	0	0	562,698
19	Rep. Dom.	5	160	22,391	0	0	28,195
20	Uruguay	2	15	4,180	0	0	9,905
21	Venezuela	1	37	2,849	0	0	34,704
	Totales	74	1,672	182,250	11	416	2,848,694

Estas son las últimas estadísticas compiladas, octubre de 1988.

Se notará que hemos incluido a Brasil y a Belice. Lo hemos hecho basándonos en la homogeneidad cultural, resultado de un pasado común y señal de un destino al que marchamos juntos. Por el mismo razonamiento hemos pasado por alto nuestra obra en Haití, las Antillas Británicas y Guyana.

Hay que advertir que, por impresionantes o significativas que estas cifras sean, especialmente al compararlas entre sí, distan mucho de decirnos lo que necesitamos saber para enterarnos de la condición de la iglesia de nosotros, los hispanohablantes, ni de lo que quisiéramos saber de su historial, rico en capítulos de consagración y en provisiones providenciales. La tarea minuciosa que narre el principio y crecimiento de la iglesia en América Latina espera una obra con tal objetivo.

Puesto que esto es sólo un apéndice de lo que en efecto es el nacimiento y desarrollo de la iglesia madre, y eso en nota menor,* aquí intentamos nada más dar una idea esquemática de nuestra denominación en tierras latinoamericanas. Como parte de ese mundo en que nuestra iglesia gravita y en medio de la cual ha de plantar la presencia de Cristo, añadimos algunos aspectos sobresalientes de nuestros recursos, así como algunas áreas nuevas y difíciles que pesan con urgencia sobre nuestra conciencia colectiva.

Buenas nuevas: ¡La iglesia crece!

La nota alegre de crecimiento es lo que primero nos sale al paso, y es una nota que evoca una sinfonía de alabanza. El estudiante se vuelve adorador al discernir las huellas de Dios en las páginas de la historia, y nosotros decimos: ¡gracias a Dios! Por la notable ayuda de Dios, y muchas veces a pesar de nuestros esfuerzos fallidos y torpes, la obra que El nos ha encomendado ha crecido.

Los primeros esfuerzos tímidos, las primeras misiones mal equipadas, los primeros misioneros, se han vuelto una red de 68 distritos organizados, con más de 2,030 iglesias y

---

*Para un tratamiento exhaustivo del tema véase *La historia de los nazarenos*, del doctor Timothy Smith.

puntos de predicación. Recientemente se organizó el noveno distrito en México, y nuevos distritos se organizan con tal rapidez que para el tiempo en que se publica la noticia, el dato ya es inexacto. Todo esto se hace con el propósito de hacer nuevas penetraciones evangelísticas en todas las áreas del continente. De los 172 distritos (en 1988) en las regiones de Misión Mundial, 67 están en América.

Ya tenemos en estas regiones casi diez veces más de nazarenos y congregaciones de las que estuvieron representadas en la histórica reunión de Pilot Point (véase la página 115).

Pero este crecimiento no ha sido ni aforme ni espontáneo. Aquí y allá se disciernen movimientos, personalidades y fuerzas específicos. Aunque hay varias contribuciones que todavía no hemos dado, hay sin embargo algunos conceptos que están surgiendo de nuestra experiencia colectiva. Nos referimos a ellos en la parte final de este apéndice. Hay también algunos programas que han hecho posible y acelerado nuestro avance y a ellos nos referimos a continuación.

El historiador cauteloso no traza una línea muy radical entre causas y efectos. Sabe que muchas veces lo que aparenta ser causa es a su vez efecto, y se fortalece por sus propios resultados. El historiador Mackinnon lo ilustra al decir que "Lutero hizo la Reforma y la Reforma hizo a Lutero". La misma interacción se observa en los siguientes aspectos.

Programas que se volvieron fuerzas

Las escuelas

Nuestras escuelas de capacitación bíblica y ministerial han hecho una labor silenciosa, pero frecuentemente heroica, y siempre de capital importancia.

Esto es al mismo tiempo una demostración de la honda tradición educativa de nuestra iglesia. De los primeros nazarenos se dijo que en cuanto se organizaban enviaban un misionero, fundaban una escuela y principiaban un periódico, ¡aunque no tuvieran dinero para ninguno de los tres! Esto se ha repetido en toda la América. Nuestros institutos bíblicos y seminarios han funcionado bajo toda clase de condiciones, desde Los Angeles, California, hasta Buenos Aires, Argentina. De sus aulas han salido cientos de ministros, en cuyas manos está ahora la iglesia.

La tarea de profesores como C. E. Morales y Vicente Santín en México, Tomás Ainscough y Lucía de Costa en Argentina, Guillermo Dannemann en Guatemala, José Rodríguez en San Antonio, y veintenas más, ha sido fecunda. En los púlpitos de sus cientos de alumnos, los maestros han vuelto a predicar y a servir.

Tres de nuestras instituciones educativas sobresalen en esta tarea sin fin.

1. Seminario Nazareno Hispanoamericano

El Seminario Nazareno Hispanoamericano de San Antonio, Texas, fue fundado por el doctor Hilario S. Peña, y principió sus labores en septiembre de 1947. Trabajó con creciente éxito desde entonces hasta mayo de 1981, fecha en la que ese centro de educación teológica fue cerrado.

Durante los 34 años de su existencia, esa escuela preparó cientos de hombres y mujeres para el ministerio en diversos países de la América, si bien la mayoría de ellos son mexicanos. Debe notarse que algunos de los ministros que empezaron su educación en esa escuela prosiguieron sus estudios teológicos, y ahora sirven en ministerios significativos en la tarea de la iglesia.

El doctor José Rodríguez fue parte de la facultad de ese seminario durante 25 años, como profesor, decano académico y, el último año de la escuela, como rector. Hace la siguiente evaluación de esa institución:

a. El beneficio principal fue númerico. Se prepararon cerca de 900 obreros que están sirviendo a Dios y a la Iglesia del Nazareno desde Canadá hasta Sudámerica.

b. Frutos cualitativos. No solamente hubo cantidad sino calidad. Una evidencia de ello es que casi todos los superintendentes de distrito y coordinadores hispanos en los Estados Unidos y México son graduados del seminario. En el caso de México, casi el 90% de los pastores y por supuesto la mayoría de los superintendentes son graduados de San Antonio. Muchos oficiales de las iglesias locales y distritales también son de San Antonio.

c. El Seminario sirvió como punto de contacto con la iglesia general. En otras palabras, los alumnos pudieron conocer mejor el espíritu, el genio, la manera de ser de la Iglesia del Nazareno por contactos que tuvieron los líderes generales de todos los distritos e iglesias locales entre el pueblo norteamericano. Todo esto fue de gran inspiración.

d. Gracias al nivel de la facultad y del personal del Seminario, creo que esas generaciones de estudiantes recibieron una buena preparación teológica y bíblica, que ahora está dando fruto en los diferentes distritos.

2. Seminario Nazareno de las Américas

El Seminario Nazareno de las Américas originalmente fue llamado Seminario Nazareno Centroamericano; fue fundado en San José de Costa Rica en 1970 y el primer rector, profesor Howard Conrad, puso los cimientos para que la escuela llegara a ofrecer la capacitación necesaria para hacer la misión cristiana en las sociedades rápidamente cambiantes del Continente. El presente rector, doctor Enrique Guang, trabaja con una facultad altamente calificada y con la junta de regentes, para ofrecer programas avanzados de estudio en esa dirección.

Pero el Seminario Nazareno de Las Américas (SENDAS), se ha caracterizado igualmente por el énfasis que le ha dado a la educación ministerial práctica, o dicho de otro modo, la práctica del ministerio como parte de la educación teológica.

Una expresión de cuán importante ha sido esta inquietud en los dirigentes del SENDAS es la creación y operación del programa educativo CENETA (Centro Nazareno de Estudios Teológicos Afiliado), que ha cundido por todos los países hispanohablantes, y que hoy por hoy tiene miles de estudiantes, preparándose para el ministerio.

3. Seminario Nazareno Mexicano

Durante la década de 1980 se gestó otra institución de educación teológica de importancia destacada. Nos referimos al Seminario Nazareno Mexicano. Cuando menos en algunas mentes, este centro educativo significaba la reanudación de la tarea del Seminario Nazareno fundado y dirigido por el doctor Vicente G. Santín, y donde se educaron muchos de los ministros nazarenos mexicanos de las primeras décadas. El primer seminario de México fue clausurado en 1945.

El nuevo seminario fue autorizado en 1980, y su junta de regentes fue organizada en septiembre del mismo año. El sitio del plantel, en los alrededores de la ciudad de México, fue escogido un año después.

La escuela funcionó en diversos lugares antes de la inauguración de su plantel. El rector fundador, doctor H. T. Reza, concibió el desarrollo de un impresionante plantel y guió el largo proceso para que eso fuera realidad. Los bellos y espaciosos edificios del seminario fueron dedicados en enero de 1986. El presente rector es el doctor Alberto Guang. La institución prepara ministros para los nueve distritos de México.

Los rectores de estas tres instituciones tienen en sus manos una gran parte de la responsabilidad de moldear a los futuros ministros para la consolidación y avance de nuestra iglesia en el futuro. Necesitan nuestro apoyo y oraciones.

Una parte del quehacer formador de las tres escuelas nombradas ha sido la educación teológica superior, o de posgrado. Los educadores teológicos de nuestra iglesia están completamente al tanto de la urgencia de que los programas de sus respectivas escuelas equipen a hombres y mujeres para llevar a cabo el ministerio entre todas las capas de su sociedad. El nivel educativo y pensante, casi sin excepción, de los países hispanohablantes va en constante aumento. El Seminario Nazareno de las Américas va al frente en el diseño de programas de posgrado.

En este renglón cabe mencionar un programa de posgrado que funcionó ininterrumpidamente por cuatro años, de 1978 a 1981. Este programa, que consistía en dos cursos intensivos por año, cada uno de un mes de duración, fue auspiciado por el Seminario Teológico Nazareno de Kansas City. Fue dirigido por el doctor Sergio Franco, con la estrecha asesoría del decano de ese seminario, el finado doctor Willard H. Taylor.

Este programa trajo a un país latinoamericano por vez primera a reconocidos profesores y ministros, en un plan secuencial, diseñado para un curso de posgrado y supervisado por ese seminario. La metodología introducida en estos cursos fue adaptada en otros programas después, y algunos de sus estudiantes prosiguieron y terminaron sus estudios en el Seminario Teológico de Kansas City.

La página impresa

La contribución del Departamento Hispano, fundado por el doctor H. T. Reza en 1945, ha sido una fuerza decisiva en el crecimiento de nuestra obra. Franklin Cook ha descrito esta contribución* en términos de proyectos específicos, publicaciones y personal. Además, hay que hablar de la literatura como un medio de entrenamiento, de inspiración y de unificación para los miembros de una sociedad dispersa, y como un elemento catalítico que a su vez ha causado otros procesos de crecimiento.

a. Las revistas y libros que hemos publicado le han dado a la joven iglesia la estabilidad y reciedumbre espirituales que ha necesitado para crecer fiel a sus doctrinas y prácticas. En artículos de 1 página y en obras teológicas de 500, en himnarios y en discos, en casetes, transparencias y documentales, la posición doctrinal de la iglesia ha estado al alcance de nuestros adherentes, en su propio idioma.

b. Igualmente importante es la contribución de la literatura como un medio de conocimiento mutuo y de cohesión. Hemos sabido los unos de los otros porque hemos leído. Noticias, eventos, artículos y libros han ido forjando una cadena que nos liga. Al estar separados por tan vastas distancias geográficas y culturales, esta cohesión es indispensable. El crecimiento númerico de la iglesia al que se ha hecho alusión, sencillamente aumenta la necesidad de este nexo informativo. Hace pocos años había 20 distritos hispanos. ¡No es remoto pensar en 100 distritos!

---

*Una taza de tinta caliente, CNP, 1971.

c. La literatura nos ha ayudado también en nuestro impacto evangelístico; muchos han llegado a nuestros templos gracias a una página impresa. Una vez más, la explosión de la población recalca este uso de la literatura. El México de 20 millones de habitantes de 1940 tiene ahora casi 90 millones.

d. Finalmente, nuestra literatura ha sido una contribución sobresaliente de los nazarenos al cuerpo de Cristo en su rama hispanohablante. A pesar del crecimiento que hemos logrado por la gracia de Dios, nuestra iglesia no era, ni es una de las más grandes en América Latina. Pero en lo que toca a la página impresa, hemos sido uno de los principales contribuyentes a la bibliografía en castellano. Esto es motivo de satisfacción para todo nazareno. Por nuestros libros y por nuestra música "se nos conoce" en el mundo evangélico. Más importante que esta satisfacción es la de saber que hemos contribuido algo al ministerio de otros grupos cristianos.

Esto, claro, se da más en algunos de nuestros proyectos que en otros. En el caso de nuestros comentarios bíblicos esta contribución ha sido óptima. Por ejemplo, cuando salió de prensa el primer tomo del *Comentario bíblico Beacon*, lo presentamos a los sacerdotes hispanohablantes del área metropolitana de Kansas City. Todos ellos miraron el proyecto con agrado, y casi todos lo compraron. Lo mismo ha ocurrido con miembros de muchas otras iglesias, por lo cual damos gracias a Dios.

Los linderos de este apéndice no permiten un tratamiento completo de la tarea publicadora de nuestra iglesia. Pero debe incluir cuando menos dos transformaciones que han ocurrido al paso de los años.

Una es administrativa e interior. Con el crecimiento de la iglesia en otros países, creció también la visión de que así como había provisión de literatura en castellano, debía haberla en otros idiomas. Eso causó un crecimiento de lo que era una agencia de literatura hispana. El cambio se dio en los siguientes pasos:

a. La Asamblea General de 1972 autorizó el cambio de nombre de Departamento Hispano a División Latina. Se sumó a nuestro programa de trabajo la producción de literatura en portugués, con el personal correspondiente. El doctor Jorge de Barros fue el primer director de literatura portuguesa, responsabilidad en la que le siguió la señora Manuela de Barros, su esposa.

b. En 1976 nuestro nombre cambió a Junta de Publicaciones Internacionales, lo cual indicaba la ampliación de la tarea, tal como era vista en las mentes de los dirigentes. La coordinación de literatura en muchos otros idiomas fue añadida a nuestra oficina.

c. En 1981, la reestructuración de la sede de la iglesia ordenada por la Junta General resultó en un cambio de nombre, esta vez fue Servicios de Publicaciones, y de afiliación. Después de haber sido parte del Departamento de Misiones Mundiales desde nuestro principio, pasamos a ser parte de la División de Comunicaciones, relación que subsiste.

d. Desde 1983 trabajamos con el nombre de Publicaciones Internacionales, que describe mejor la naturaleza mundial de la tarea de producción de literatura en otros idiomas además del inglés. La agencia ha estado bajo la dirección del doctor Bennett Dudney desde abril de 1982, y trabaja en el desarrollo de recursos impresos en más de 40 idiomas alrededor del mundo. Con todo, la parte del personal y de producción de literatura en castellano ha seguido siendo la mayor entre todos esos grupos. Sin duda, ello representa la importancia de la iglesia en las naciones hispanoblantes de la Tierra.

Además de estos cambios administrativos, la tarea publicitaria está en proceso del cambio causado por el crecimiento de la iglesia, lo cual significa que tiene algunas necesidades comunes a todas sus regiones, y algunas que son peculiares sólo a cierta región, o cierto distrito, o aun cierta zona.

Aúnase a esto la verdadera revolución en las artes tipográficas que ha traído el acceso de computadoras, y se verá que, si bien la necesidad de literatura no ha cambiado, los métodos y las estructuras para proveerla tienen que adaptarse a una situación nueva.

Al escribir estas líneas está formándose un comité para el desarrollo de literatura hispana, integrado por representantes de todas las regiones. Este comité asesorará a Publicaciones Internacionales en la determinación de prioridades y en métodos de distribución.

Escritores hispanoamericanos

El programa de literatura nazarena en castellano principió básicamente utilizando recursos previamente publicados en inglés. Desde la perspectiva del que esto escribe, lo que se percibió como una necesidad, se volvió sin embargo una avenida mediante la cual la joven iglesia recibió los principios que habían guiado a la iglesia madre: su doctrina, su compulsión evangelística, su manera de adorar y de ser.

Pero esto no fue una aproximación unilateral nunca. Desde el principio se hicieron esfuerzos por desarrollar escritores nazarenos latinoamericanos, y un examen del producto de los primeros años lo demuestra. Hay que conceder que el grado en que esto se logró no estuvo al nivel ni del crecimiento numérico, y de madurez que la iglesia experimentó en países de habla hispana, ni al nivel del deseo de leer literatura que naciera de la vivencia cristiana en nuestros países.

Desde mediados de la década de 1970 se han celebrado talleres para motivar y capacitar a escritores nazarenos. Se han celebrado desde Buenos Aires hasta Guadalajara. Su éxito ha sido limitado. También se percibe la necesidad de que la página impresa evangélica sea vista con toda la importancia que tiene, y que eso resulte en actividades didácticas formales en las instituciones de preparación ministerial de nuestra iglesia. Si el Señor demora su venida, necesitaremos escritores que definan, que defiendan, que postulen, que aclaren la visión satisfactoriamente para los habitantes de las naciones hispanohablantes.

Por otro lado, tal vez parcialmente por esos talleres y por otros incentivos, a fines de esta década estamos presenciando un aumento considerable de escritores, unos en ciernes y otros ya logrados. Esperamos que poco a poco haya un refinamiento del concepto de "escribir", gracias al cual se pueda ver que eso incluye muchas cosas diferentes entre sí. Necesitamos escritores de artículos, pero también de otros géneros. Por ejemplo, necesitamos urgentemente escritores de cuentos para niños. Ni siquiera hemos tocado el género de teatro. Poco hemos hecho con la novela, que es el medio más poderoso de comunicación —en cuanto a cultura y costumbres— dentro de la literatura.

Confiamos que Dios llamará a más hombres y mujeres a tomar la pluma, a llegar a ser escritores, cuyos productos equipen e inspiren no sólo a los que están dentro de la iglesia sino también a los que están fuera.

Programas de radio

"La Hora Nazarena", el programa radial de la iglesia le ha dado un empuje importante y constante, no sólo a ella, sino al extendimiento del evangelio en todos los países de habla hispana. El programa se transmitió por vez primera en junio de 1953 a través de 12 estaciones. Difundirlo por 50 estaciones parecía una meta difícil. Al presente, "La Hora Nazarena" difunde su mensaje de inspiración en alas de la música por casi 250 estaciones del mundo hispano —¡y Comunicaciones Nazarenas recibe cartas de oyentes hasta de Brasil!

En la temporada de la Pasión muchas estaciones adicionales transmiten nuestro programa; con un total de 500, y aun con el grupo regular de 250, "La Hora Nazarena" va muy a la delantera de todos los programas religiosos en español.

El programa nos ha abierto puertas antes de nuestra llegada, tanto como individuos como para programas evangelísticos y hasta para establecer trabajo en alguna región o país. Incontados miles han oído el evangelio por vez primera por este medio. Le damos las gracias a Dios por esta penetración de nuestra iglesia en cada rincón de América.

Como otras fuerzas de este tipo, la literatura y el radio son como la marea. Nadie puede medir su fuerza ni impedir su impacto, pero todos pueden sentir sus efectos. Uno de los oyentes escribió:

"...les deseo que el nuevo año les depare el mejor de los éxitos y que sus difusiones alcancen hasta el último rincón de habla española."

Otro más envió estas líneas:

"En nombre de Jesucristo he escrito esta carta... Quiero que alguno de mis hermanos venga aquí donde yo estoy, pues yo y mi familia iremos a la doctrina del santo Evangelio. Tenemos hambre y sed del Pan de vida y del Agua de vida eterna...Por piedad vengan por todas estas almas pues si tardan, podemos perdernos. 'Con una grande sinceridad para con ustedes'."

La Hora Nazarena, ahora es sólo uno de los muchos programas producidos en Latinoamérica. Hay programas diarios de 5 minutos para diversidad de audiencias, programas especiales; cuñas de 30, 60 y 90 segundos, etc., además de nuestros programas locales y nacionales.

Conferencias regionales

Las conferencias regionales de pastores han sido eventos significativos en nuestra historia. En noviembre de 1967 todos los pastores nazarenos de México se reunieron en la primera de esas concentraciones en Cuernavaca, México —era también la primera vez que los pastores de 4 distritos estaban juntos. En diciembre de 1969 los ministros nazarenos de América Central, Puerto Rico y la obra hispana del este de los Estados Unidos se dieron cita en la ciudad de Guatemala. En enero de 1972 se reunieron los pastores y líderes de 6 países de Sudamérica, en la gran ciudad de Buenos Aires.

Estos cónclaves regionales que el Dr. Reza planeó y coordinó, lograron importantes objetivos. Nuestros pastores han conocido a algunos de los líderes nazarenos en un nivel de compañerismo que no había sido posible antes; han recibido capacitación intelectual y espiritual concentrada; lo que es mejor, han conocido a veintenas de sus colegas de otros países, ministros de quienes habían sabido por muchos años; han externado sus opiniones y se han oído pensar y opinar. Se han sentido parte de un compañerismo mundial.

Esto a su vez ha abierto los ojos de nuestros pastores en cuanto a posibles concentraciones de tipo especializado, de su propia cuenta.

Estructuración de la iglesia en regiones

Aunque hubo concentraciones regionales durante la década de 1970, el concepto de la estructuración de la iglesia alrededor del mundo en regiones fue desarrollándose con lentitud, y no quedó terminado sino hasta la Asamblea General de 1980. El doctor L. Guy Nees hizo la siguiente declaración en febrero de 1985*:

En la última Asamblea General se organizaron estas regiones para incluir la iglesia en los Estados Unidos y Canadá, no solamente las otras áreas del mundo. La iglesia tiene 15 regiones alrededor del mundo y 6 de éstas están bajo la supervisión del Departamento de Misión Mundial. Son: Asia; el Sur Pacífico; México, Centroamérica y el Caribe; Sudamérica; Europa y el Medio Oriente; y Africa. La región de Africa también incluye las islas de Cabo Verde.

El propósito de estas regiones es dual: 1) permitirnos trabajar con unidades más pequeñas. Esto nos ayuda en la administración de la iglesia alrededor del mundo; 2) ofrecer una oportunidad para que los líderes nacionales compartan sus opiniones y perspectivas, y dar ocasión para que éstos, muchos de los cuales son superintendentes de distrito, pastores, educadores, administradores, o laicos en la iglesia, se reúnan frecuentemente en convocaciones regionales para reflexionar acerca de la función que la iglesia desempeña en su región en particular, y suplirnos con información que nos ayuda en la planeación.

Las Oficinas Regionales y los directores regionales se establecieron después de la organización de las regiones. La decisión de establecer Oficinas Regionales fue una decisión administrativa. Cada una de las Oficinas Regionales tiene un director que sirve en dos capacidades: 1) como extensión de la oficina de Misión Mundial y les da atención a todos los asuntos misioneros que le tocan. La autoridad y responsabilidad final siempre pertenecen a la oficina de Misión Mundial, pero los directores regionales hacen lo que yo haría si tuviera el tiempo y la oportunidad de estar en su región. Así que ellos son como un brazo nuestro. Son una extensión de la oficina de Misión Mundial.

"El Heraldo de Santidad", p. 29.

La primera actividad colectiva de las regiones y las oficinas regionales fue la celebración de conferencias en cada una de las seis regiones bajo la administración de Misión Mundial. La primera serie de estas conferencias se celebró en 1984, y la segunda en 1987. La gráfica a continuación incluye los nombres y composición de las tres regiones que nos conciernen. El trabajo de nuestra iglesia en las Américas bajo la jurisdicción de Misión Mundial se lleva a cabo en tres regiones, cuya formación, directores y ubicación aparecen a continuación.

REGION	PAISES QUE LA INTEGRAN	DIRECTOR REGIONAL	OFICINA REGIONAL
MAC: México y Centroamérica	Costa Rica El Salvador Guatemala Honduras México Nicaragua Panamá	Jerry Porter	Ciudad de Guatemala
SAM: Sudamérica	Argentina Bolivia Brasil Chile Colombia Ecuador Paraguay Perú Uruguay Venezuela	Louie Bustle	Quito, Ecuador
CARIBE	Bahamas Barbados Belice Bermuda Cuba República Dominicana Antillas Francesas Guyana Haití Jamaica Islas Vírgenes Puerto Rico Surinam Trinidad y Tobago Islas Windward	James Hudson	Miami, Florida

Perspectivas de los directores regionales

El director de la región MAC, Dr. Jerry Porter, hablando respecto a los planes para el área, comenta:

Nuestro primer desafío es cumplir la Gran Comisión en centros urbanos. Nuestra iglesia ha sido efectiva en predicar el mensaje de Cristo en sectores rurales y semirrurales. En dichos lugares se puede adquirir terrenos fácilmente, la gente ha respondido favorablemente al mensaje y ministerio de la Iglesia del Nazareno, y miles de personas han acudido a los pies de Cristo, en pequeños pueblos, aldeas y comunidades a través de la América Latina. El reto que hoy tenemos en las manos es otro.

El aumento demográfico de la ciudad de México es de 2,000 personas diarias. Se piensa que esta ciudad, la más grande del mundo, pasará de los 30 millones para el año 2000. Cada día, dos de cada tres personas de la Región México, Centro América y Panamá viven y mueren en las grandes urbes. El desafío que enfrentamos es cómo podremos ganar a este mundo para Cristo. Esta selva de cemento y asfalto nos presenta grandes desafíos. Las personas recién llegadas a estas urbes son las más receptivas al evangelio, pero también son las personas menos deseadas en las iglesias. Son personas muy móviles, sin empleo, muy pobres, desubicadas. Son personas que no van a responder a la necesidad económica de la iglesia muy fácilmente. Sin embargo, este es el campo misionero que tenemos que invadir con brazos abiertos llevando un ministerio integral, ayudando a estas personas en su reubicación urbana y dándoles la respuesta eterna a sus necesidades.

Si pensamos en las ciudades capitales de los siete países de esta región, representan el 20% de la región. Es decir, uno de cada cinco habitantes de la región MAC vive en las siete capitales. Si pensamos en las cinco ciudades más grandes, México, Guadalajara, Monterrey, Guatemala y Puebla, representan una población que sobrepasa los 30 millones. O sea que, la cuarta parte de la región vive en esas cinco ciudades.

Sí, la Iglesia del Nazareno está enfrentando un gran desafío urbano, y Dios nos va a indicar las pautas de cómo comenzar miles de centros de fuego santo en las casas, sótanos, marquesinas, en los miles de barrios y comunidades urbanas... para que el mundo conozca a nuestro Señor.

El segundo desafío que enfrentamos es la juventud. El 54% de la Región México, Centro América y Panamá tiene menos de 19 años de edad, el 28% tiene de 20 a 39 años. Nuestra iglesia, si ha de cumplir su función en los próximos años, deberá ser una iglesia muy atractiva y muy efectiva con ministerios juveniles. Pensemos en que 8 de cada 10 personas en la región tienen menos de 40 años de edad. Pensemos en que 5 personas de cada 10 tienen menos de 19 años. Y si somos honestos, reconoceremos que nuestra iglesia, por su estilo de música, forma de adoración y material es más aceptable para la población de edad media, o quizás para los adultos de edad más avanzada. ¿Tendrá la audacia la Iglesia del Nazareno de identificar, sintonizar y ministrar en la frecuencia de la cultura juvenil de Latinoamérica de hoy? ¿Podremos ser eficientes en ministerios para niños y jóvenes que nos permitan evangelizar a millares de ellos para Cristo, discipularlos en el camino de Cristo y movilizarlos en un ministerio efectivo? Este es el desafío de hoy. Estamos ministrando en un mundo de jóvenes y niños.

El tercer desafío para nuestra región es el misionero. Hablamos de la cultura mexicana, y hablamos de la cultura costarricense, pero realmente dentro de todos estos países se encuentra un mosaico de gran variedad de culturas. Sólo en México hay más de 200 idiomas indígenas. Guatemala es una población primordialmente indígena, dividida en 25 grupos lingüísticos, y cada uno con su cultura y su vida. ¿Podrá la Iglesia del Nazareno predicar efectivamente el mensaje de santidad a cada una de esas culturas? ¿Podremos comprender que Cristo es el Mesías del azteca, del maya, del chino, del caribeño? ¿Podrá nuestra iglesia desarrollar líderes, pastores, iglesias y materiales que sean efectivos en cada uno de estos grupos étnicos tan necesitados de la Palabra?

Nuestro dilema es, quizás, no permitir que la Iglesia del Nazareno sea una iglesia con características tan rígidas que se repitan alrededor del mundo con gran similitud, sino que empiece a ser un arco iris de expresiones culturales, todas fieles al mensaje bíblico, todas de santidad.

El desafío –que es referente a flexibilidad cultural– será el de aceptar a otras personas de otras culturas que aún viven dentro de nuestra región. Al aceptarlas, permitamos que un mensaje autóctono alcance a esas personas por quienes Cristo también murió, aunque el estilo de culto, la forma de adoración, o la preferencia de actividades sean muy distintas a las que yo prefiera.

Estos son días de grandes oportunidades para la Iglesia del Nazareno, y el desafío primordial es desarrollar una iglesia santa, con un mensaje Cristo-céntrico y claro, que se proyecte a las grandes urbes y que "sintonice la frecuencia" de los niños, de los jóvenes, y de los diferentes grupos étnicos de nuestra querida América Latina.

El Dr. James Hudson es el director regional del Caribe. El pregunta y explica:

¿Cuáles son los tópicos sobresalientes? Desde mi punto de vista, entre estos asuntos principales están:

1. El crecimiento y desarrollo de la iglesia. El crecimiento periférico del trabajo en Latinoamérica es entre los indígenas y grupos de habla no hispana del hemisferio oeste. Por ejemplo, los mayas en Centro América y en el sur de México, los aimarás en Bolivia, los aguarunas en Perú, los haitianos en la República Dominicana, etc.

Estos grupos viven en países donde el español es el idioma oficial, pero para ellos es el segundo o tercer idioma. Y muchas de estas personas no lo hablan claro. Se debe prestar la debida atención a su idioma y cultura, puesto que ellos están a la vanguardia de nuestro trabajo.

2. La educación teológica. Mientras que los misioneros tradicionales se van retirando del área, aumenta la necesidad de hacer énfasis en el entrenamiento adecuado de pastores, maestros y teólogos nacionales.

Nuestro programa de Entrenamiento Pastoral por Extensión (EPPE) debe ser evaluado. Esto en relación al peligro de preparación inadecuada, inherente al acercamiento de entrenamiento "sobre la marcha", a las necesidades del ministerio a largo alcance.

El programa EPPE nos sirve a todos nosotros por ahora. Sin embargo, el porcentaje innecesario de estudiantes que se retiran y el prolongado tiempo, necesario para cumplir con los requisitos de ordenación (a veces entre ocho a nueve años), nos invitan a darnos cuenta de que es tiempo de hacer una evaluación objetiva de todo el proceso de entrenamiento teológico.

3. La credibilidad de la iglesia nacional. Con el crecimiento poco usual de las iglesias, no solamente en Latinoamérica, sino también en Africa, Asia y el Caribe, la iglesia en su totalidad está enfocando su atención a este joven y dinámico crecimiento en la iglesia.

Están surgiendo dos asuntos:

a) ¿Está dispuesta la iglesia nacional a hacer el sacrificio financiero necesario para continuar hacia el sostén propio, la autoadministración, y a autoperpetuarse?

Al crecer numéricamente, las iglesias nacionales deben encontrar la forma de satisfacer sus propias necesidades económicas, y a través del dar con sacrificio, participar en la continua misión de la iglesia global de "ir y hacer discípulos en todas las naciones".

b) El otro asunto es la necesidad de articular la doctrina cardinal de la iglesia en el contexto y cultura de cada país.

En cada país deben emerger líderes que desafíen a su propia gente a practicar los principios cristianos de mayordomía y abrazar las enseñanzas bíblicas y la experiencia de la santidad cristiana como un estilo de vida.

Mi experiencia de 36 años de ministrar en Latinoamérica me guía a creer que nuestros líderes nacionales se levantarán a la altura de los desafíos e inquietudes que presentan estos asuntos y continuarán edificando una fuerte y dinámica iglesia neotestamentaria.

Las observaciones, planes y visión del Dr. Louie Bustle, director regional de Sudamérica, las expresa así:

La Iglesia del Nazareno en Sudamérica está creciendo. Hay varios planes que estamos promoviendo y en los que estamos haciendo énfasis. Promovemos tres básicos: (1) "Cada uno gane uno", en el que cada nazareno se esfuerza para ganar a una persona cada año para Cristo, lo discipule, y lo encamine hacia la membresía de la iglesia; (2) "cada uno entrene uno", en el que cada pastor se dedica a entrenar y desarrollar a un joven para el ministerio; y, (3) "cada una inicie una". En este plan cada iglesia se esfuerza por iniciar una "iglesia hija", que más tarde se entrega al distrito para ser organizada.

El sistema de preparación ministerial ha tenido bastante éxito en Sudamérica. Hay varios seminarios e institutos bíblicos:

Brasil, en Campinas, tiene un seminario nivel U.
Argentina, en Pilar, tiene un seminario nivel U.
Chile, en Santiago, tiene un seminario nivel A.
Bolivia, en La Paz, tiene un seminario nivel A.
Perú, en Chiclayo, tiene un seminario nivel A, y en
Nuevo Horizonte tiene un instituto bíblico nivel M.

Se ha aprobado un nuevo seminario en Quito, Ecuador, con un programa de cuatro años para que sirva al norte de Sudamérica. Los estudiantes que hayan terminado el Programa por Extensión, completarán aquí la licenciatura.

Cada semana, 1,700 estudiantes participan en los Cursos por Extensión de Seminarios para Estudios Teológicos. Este método ingenioso de estudio lleva el Seminario a los estudiantes y da la oportunidad a cada uno de estudiar para el ministerio. Las clases son ofrecidas a cada estudiante tres noches por semana y a una distancia prudencial.

Dos veces al año se dan cursos intensivos. El maestro enseña de 6 a 8 horas diarias, cubriendo el material de la semana. Generalmente estos cursos intensivos duran dos semanas. Por lo que, si el estudiante está dispuesto a completar exitosamente los cursos intensivos, y las clases semanales, él puede completar los estudios por extensión en cuatro años. Este es un entrenamiento sobre el trabajo, que ha probado ser muy eficaz.

Todos los créditos de estos estudios a distancia son dados por el Seminario de las Américas, de Costa Rica. Los estudiantes pueden transferir estos créditos y terminar el seminario en un año.

El énfasis mayor en Sudamérica ha sido, crecimiento de la iglesia, sostén propio, entrenamiento de líderes, y "transmitir la herencia".

1. Crecimiento de la iglesia. Ya se explicó, básicamente, en lo que consisten los tres aspectos vitales ("cada uno gane uno", "cada uno entrene uno", "cada una inicie una") en el énfasis del crecimiento de la iglesia.

La formación de nuevos distritos también ha sido una estrategia para el crecimiento de la iglesia. Cuando se forman nuevos distritos, se desarrolla nuevo liderazgo. Se ha probado una y otra vez que es acertada la teoría que dice que "la división engendra multiplicación". En 1983 había 18 distritos, y en 1988 hay 47, y áreas iniciadas. Esto nos habilita a llegar a las áreas de nuestros 10 países que nunca se habían alcanzado antes.

2. Sostén propio. El esfuerzo de entrenar iglesias para que sean de sostenimiento propio también ha ayudado a desarrollar el crecimiento de la iglesia. En la mayoría de los distritos se ha eliminado el subsidio para el salario de pastores. Este aspecto ha cobrado un énfasis y una enseñanza especial; las iglesias crecerán más en el esfuerzo de mantenerse a sí mismas económicamente. Los miembros se sienten orgullosos de su iglesia y de su pastor cuando cumplen con sus obligaciones financieras. La estrategia ha sido usar los fondos del presupuesto general para gastos administrativos, especialmente en los nuevos distritos establecidos.

3. Entrenamiento de líderes. El entrenamiento se lleva a cabo en varios lugares y en varias formas. Primeramente, entrenamos a nuestros pastores sobre bases regulares a través de nuestras escuelas y programas de extensión. Esto ha sido explicado anteriormente.

También entrenamos a nuestros pastores en los retiros, cuando los líderes de Sudamérica participan en éstos. Nosotros llevamos a cabo reuniones de liderazgo, retiros de superintendentes de distrito, sesiones de entrenamiento misionero, tratando de coordinar la filosofía y estrategia de la región. Constantemente es necesario entrenar a nuevos líderes, y motivar e inspirar a todos los líderes para hacer el trabajo del reino.

4. Transmisión de la herencia. Nosotros estamos haciendo todo lo posible para transmitir la herencia de la Iglesia del Nazareno en toda Sudamérica. No sólo debemos sembrar nuestros deseos y visiones en otras personas, sino transmitir la visión a cada iglesia nazarena para que ellas también posean la herencia, y que a su vez la transmitan a otra.

Nuestra herencia reside en la predicación de la santidad y en su enseñanza como una forma de vida. Nosotros podemos vivir vidas santas.

El propósito de nuestra existencia es diseminar la santidad escritural por todo el mundo, y en este caso, a través de Sudamérica. Este es nuestro ardiente deseo, y el propósito de cada meta que tenemos. Nosotros ministramos bajo la motivación de metas establecidas. Para 1995 tenemos las metas de establecer 40 distritos, que ya ha sido sobrepasada; 1,000 iglesias —en 1983 había 317, en 1987 había 700; y 80,000 miembros —en 1987 ya teníamos más de 50,000.

Desafíos que nos confrontan

América Latina vive días de honda crisis, cada una de las cuales puede volverse una tremenda oportunidad para el

Reino de Dios, o un sonado fracaso. Confrontamos explosiones en todos los órdenes: social, moral, económico, de conocimiento y político.

Agravando todo ello está la explosión demográfica, que no es meramente las proyecciones de señores catedráticos que afirman que "la tasa de aumento de población en Latino-américa es la más alta del mundo". No, ese aumento vertiginoso de población significa seres humanos, personas de carne y hueso, con necesidades de toda índole, cada uno de ellos.

Situada pues en un continente en fermento, la iglesia cristiana tiene necesidades tremendas y urgentes. Puesto que nuestra iglesia funciona en áreas del tal diversidad, es difícil que cierta necesidad tenga igual prioridad en todas sus ramas. Sin embargo, las siguientes áreas demandan una solución adecuada para que nuestra iglesia cumpla su cometido en América Latina:

1. Intensificación de evangelismo. Somos mayordomos del evangelio. Debemos comunicarlo a nuestros hermanos. Dado el aumento de población, es obvio que necesitamos nuevo ímpetu y tal vez nuevas estrategias en nuestro evangelismo. Misiones domésticas y misiones a países contiguos —ambas deben aumentar.

Los directores regionales antes nombrados son, sin excepción, hombres que tienen más que un compromiso "oficial" o, denominacional con la Gran Comisión. Es obvio que para ellos la tarea de la iglesia es proclamar el evangelio *a toda criatura*. Vemos la demostración de ello en planes formulados por las tres regiones, y dados a conocer en los días en que se revisa este apéndice.

Región México y América Central. Esta región (MAC) intentará organizar 375 iglesias durante "el año de plantar iglesias" (1989). Tal adición haría que en esa región haya más de mil iglesias organizadas. Si se recuerda que las regiones bajo la jurisdicción de Misión Mundial han adoptado metas que dan un total de 836 iglesias, se verá la intensidad del proyecto de esta región.

Región de Sudamérica (SAM). Esta región hace planes de establecer 200 iglesias organizadas durante 1989. El director regional Louie Bustle declara: "Hemos desafiado a cada iglesia de la región a organizar una nueva iglesia, y muchas de las iglesias nuevas han adoptado el concepto de madre/hija. La comisión que Cristo nos dio es ganar al mundo."

Región del Caribe. Informa entre 1985 y 1987, la adición de 107 "iglesias cabalmente organizadas", y para 1989 su meta es 75 iglesias más en ese nivel de desarrollo.

Al fin de esta sección publicamos la perspectiva de cada uno de los tres directores regionales. Se pudo haber incorporado esta información en cada una de las secciones de este apéndice. En vez de ello presentamos cada entrega en su totalidad, porque nos permite ver la visión integral de cada uno de estos dirigentes. Hay, claro, cierta repetición, pero es un inconveniente menor a fin de captar esta visión a cabalidad.

2. Estructuración del proceso educativo. La revisión de objetivos y métodos pedagógicos que está en marcha alrededor del mundo, la articulación de nuestros programas con las necesidades de la sociedad a la que hemos de servir, el análisis cuidadoso de lo que necesitamos, en términos humanos, para los avances de las próximas décadas: estos son algunos de los ingredientes del fortalecimiento de nuestros centros de preparación ministerial.

Ya no somos una iglesia pequeña o provinciana. Cuando se nos han fijado objetivos claros y razonables, hemos encontrado los recursos para alcanzarlos. Necesitamos hombres que le marquen rumbos a la iglesia que está en la mañana de su vida. Al mismo tiempo, queremos recordar el porcentaje rural de feligresía de nuestra América en nuestro diseño educativo total.

Ya se ha hecho alusión al proceso educativo en la referencia a los seminarios. También se hizo mención pasajera de CENETA. Este ha sido un programa educativo que ha brotado de la concientización de la necesidad de formación teológica. Por otro lado, probablemente CENETA nunca habría surgido sin la dinámica de multiplicación de iglesias, que fue arraigándose en los dirigentes de la iglesia, a partir de la década pasada.

Puede decirse que CENETA es un resultado del programa de crecimiento de iglesias, y al mismo tiempo un factor que lo hace posible. Es al mismo tiempo causa y efecto. La aproximación de CENETA ha hecho posible que cientos de hombres y mujeres reciban educación a diversos niveles sobre la fe cristiana. La siguiente descripción la copiamos de un folleto para el líder producido por el coordinador de CENETA del Instituto Teológico Nazareno de Guatemala, para su uso en esa región.

El propósito de CENETA es ofrecer educación teológica avanzada sin que la persona que se prepara tenga que dejar su cultura, familia y trabajo; brindándole las herramientas pastorales necesarias para responder eficazmente a las exigencias de la iglesia y la comunidad.

En cada distrito de la Iglesia del Nazareno las clases se imparten en centros a los que los alumnos pueden llegar sin mucho esfuerzo y sin hacer gastos mayores. Los centros se ubican en los lugares donde hay más alumnos y siempre es posible abrir nuevos centros, si hay alumnos que lo soliciten.

Los centros de estudio se encuentran en diferentes lugares y países, sin embargo, el currículum y la enseñanza que se desarrolla en cada centro son los que que estipulan el reglamento de CENETA. Al tener un currículum único se está asegurando que los estudios ofrecidos son los que el programa contempla.

Los estudios ofrecidos por CENETA conducen a la obtención del título de Bachiller en Ministerio Cristiano o al Diploma en Ministerio Cristiano. El alumno puede optar por uno de los dos, según sus estudios seculares.

Pueden ser considerados como candidatos para estudiar en CENETA los miembros de la Iglesia del Nazareno que

tengan licencia de predicador local, o

tengan licencia de predicador de distrito, o

tengan licencia de diaconisa, o

sean pastores, o

sean presbíteros que deseen estudiar, o

sean miembros de la Iglesia, y que sientan el llamado al ministerio.

3. La problemática social del continente pide de nosotros una contestación adecuada. Nos costará hablar, pero nos costará más guardar silencio.

4. Madurez para gobernarnos a nosotros mismos. La única manera de conservar los derechos es usarlos correctamente. El voto es un arma formidable, para bien o para mal. Necesitamos desarrollar individual y colectivamente, sabiduría y paciencia, a fin de desarrollar estabilidad en nuestras congregaciones y distritos, especialmente ahora que podemos votar por nuestros líderes.

5. Hay que enfocar y resolver la tensión entre áreas urbanas y áreas rurales. Esto está íntimamente ligado con la necesidad de ministrar a estudiantes universitarios y a la

clase media que están en aumento por todo el continente. Necesitamos reexaminar estrategias y prioridades. Este es un problema formidable y mundial. La iglesia está perdiendo las ciudades, y en las ciudades están las multitudes, y los centros de influencia. Cristo debe ser proclamado en Buenos Aires, en Caracas y en México en forma significativa para la vida de los millones de seres humanos que viven en ellas. Si nos atrevemos a hacer algo más allá de nuestras fuerzas, Dios premiará nuestra fe, como en efecto ya lo ha hecho abundantemente.

En la composición de este apéndice colaboraron las siguientes personas: el Lic. Oliver Delgado recabó las más recientes estadísticas; el Lic. Edgar González, redactor responsable de reimpresiones, supervisó la incorporación de esos y de otros materiales que conformaron el capítulo (ambos son miembros de Publicaciones Internacionales); los directores regionales escribieron un documento *ex profeso* a petición de PI. La intención original era extractar lo que fuese del caso, en las respectivas secciones. Pero estas entregas representan tan bien la filosofía de trabajo de nuestra iglesia en las tres regiones (y por ende casi en todo el mundo de habla castellana) que decidimos incluirlas completamente, para que el lector se pueda enterar de la dirección que lleva cada una de estas tres regiones.

Agradecemos el trabajo de nuestros dos colegas, y particularmente el de los directores regionales, doctores James Hudson, Louie Bustle y Jerry Porter.

Notas de referencia

Capítulo 1
1. *The Nazarene Messenger*, 4 de noviembre de 1907.
2. *Texas Holiness Banner*, diciembre de 1899.
3. *Herald of Holiness*, 23 de julio de 1913.
4. Mary Lee Cagle, *Life and Work of Mary Lee Cagle: An Autobiography* (Kansas City: Nazarene Publishing House, 1928), 44.
5. Dean M. Kelly, *Why Conservative Churches are Growing* (Nueva York: Harper and Row, Publishers, 1972), 64.
6. *Ibid.*, 63.
7. Juan Wesley, *Works*, 7:204-205.
8. Paul M. Bassett, "Exploring Christian Holiness; The Historical Foundations, Part I" (manuscrito inédito, 1982), 26.
9. William M. Greathouse, *Desde los Apóstoles hasta Wesley* (Kansas City: Casa Nazarena de Publicaciones, 1981), 89.

Capítulo 2
1. T. Crichton Mitchell, *Meet Mr. Wesley* (Kansas City: Beacon Hill Press of Kansas City, 1981), 99.
2. Vinson Synan, *The Holiness Pentecostal Movement in the United States* (Grand Rapids: William B. Eerdmans, 1971), 19.
3. *Ibid.*, 20.
4. *Encyclopedia Britannica*, edición 1977.
5. Charles Edwin Jones, *Perfectionist Persuasion* (Metuchen, N.J.: The Scarecrow Press, Inc., 1974), 2.
6. Jon Johnston y Bill M. Sullivan, Eds., *The Smaller Church in a Super Church Era* (Kansas City: Beacon Hill Press of Kansas City, 1983), 56.
7. *Encyclopedia Britannica*.
8. Synan, *Holiness Pentecostal Movement*, 30.
9. David E. Wells y John D. Woodbridge, eds., *The Evangelicals* (Grand Rapids: Baker Book House, 1977), 40-41.
10. Jones, *Perfectionist*, 2.
11. *Ibid*.
12. Harold E. Raser, "Phoebe Palmer's Theology of Christian Holiness", *NTS Tower* (publicación trimestral del Seminario Teológico Nazareno, primavera de 1983).
13. *Ibid*.
14. Jones, *Perfectionist*, 4.
15. Melvin E. Dieter, *The Holiness Revival of the Nineteenth Century* (Metuchen, N.J.: The Scarecrow Press, 1980), 28.
16. Jones, *Perfectionist*, 4.
17. Dieter, *The Holiness Revival of the Nineteenth Century*, 22.
18. *Ibid.*, 26.
19. Timothy L. Smith, *Called unto Holiness* (Kansas City: Nazarene Publishing House, 1962), 11.
20. Synan, *Holiness Pentecostal Movement*, 31.
21. Smith, *Called unto Holiness*, 12.
22. Jones, *Perfectionist*, 61.
23. Synan, *Holiness Pentecostal Movement*, 53.
24. *Ibid.*, 19.

www.ingramcontent.com/pod-product-compliance
Lightning Source LLC
Chambersburg PA
CBHW031356040426

42444CB00005B/307